JN005939

はじめに

数多くあるプログラミング言語の本の中から本書を手に取っていただき、誠にありがとうございます[*1]。

本書は、プログラミング言語を少し知っている初心者から、少し慣れてきたくらいの方を対象にしています。そして、そのような方に向けて、Python と JavaScript をまとめて説明してしまおうという試みの本です。複数の言語を一気に解説する本は珍しいかと思います。

優れたプログラマーは、1つの言語に詳しいのは当然として、複数の言語を広く深く理解しています。そのため、1つの問題に対して「この場合、この言語ではこう書く。あの言語でもこう書く」と多角的に問題を眺めることができます。であれば、最初から複数の言語を比較しながら学ぶのも良い方法かもしれないと考え、その実験のための一冊として書き上げました。

本書ではPython と JavaScriptの両言語を単に紹介するだけではなく、両言語が提供する機能の背景や考え方などをなるべく書くように努めました。そういう意味においては、本書はプログラミング言語を紹介するだけの本というよりは、Python と JavaScript を例としてプログラミング言語の考え方を紹介している本とも言えます。もちろん、プログラミング言語の世界は広大なので一冊の本ですべてを語れるものではありませんが。

プログラミング初心者の方が、本書を通じて少しでもステップアップしてもらえることを、あるいは少しでもプログラミングって面白いなと思って頂けることを切に願っています。

もともと本書は、Pythonの本を執筆しようというところから始まりました。筆

[*1]　電子書籍の場合、手に取るという表現は適切ではないかもしれませんね。

者は「日経ソフトウエア」というプログラミング雑誌でPythonの連載を執筆しているので、それを編集して出版しましょうという企画でした。

ただ、連載はやや"ネタ色"が強く、また、数多くの優れたPython書籍が出版されている中、今更筆者が一冊出したところで…という思いもあり、紆余曲折の末、「PythonとJavaScriptを同時に学ぶ」という企画に行き着きました。このため、全編書き下ろしになり、当初のスケジュールから大きく遅延することになりましたが…。

本書の執筆には色々な方にご協力いただきました。編集の武部健一さんにはスケジュールが遅延する中、辛抱強く対応していただき大変感謝しています。また、本書はレビューアーとして、赤松祐希さん、深澤祐援さん、山田良明さんに参加いただきました。Python面の記述を主に深澤さんに、JavaScript面の記述を主に山田さんに、第3部の記述を主に赤松さんにレビューしていただきました。皆さんの鋭い指摘で筆者の稚拙な文章がいくらかでも良いものにできたと思います。大変感謝いたします。

最後に、6歳児の面倒を見ながらサポートしてくれた妻にも感謝します。妻の協力がなければ書き上げることは絶対にできませんでした。ありがとう。また常に家の中を明るくしてくれた僕らの子供にも感謝したいと思います。

2022年 晩夏
伊尾木 将之

プログラミング環境の導入と
ソースコードの表記について

　もし、お手元のパソコンにPythonとJavaScriptのプログラミング環境がない場合は、次のものをダウンロードして、インストールしましょう。

Python：公式サイトが配布するPythonのプログラミング環境
JavaScript：Node.js

Python：公式サイトが配布するPythonのプログラミング環境

　公式サイトとは、Pythonを開発するPython Software Foundationが運営するサイト（**図1**）のことで、URLは次の通りです。

```
https://www.python.org/
```

図1●Python Software Foundationのサイト

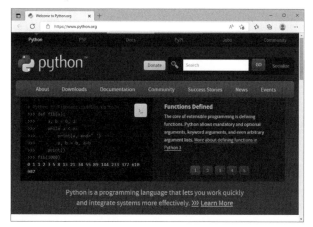

　このサイトの「Downloads」から、Pythonのプログラミング環境のインストーラーを入手できます。Windowsであれば、本書執筆時点では「python-3.10.X-a

md64.exe」（Xはバージョンを表す数字）といったファイル名のインストーラーを
ダウンロードできます。

　インストーラーをダウンロードしたら、実行しましょう（**図2**）。

図2●インストーラーを実行したところ

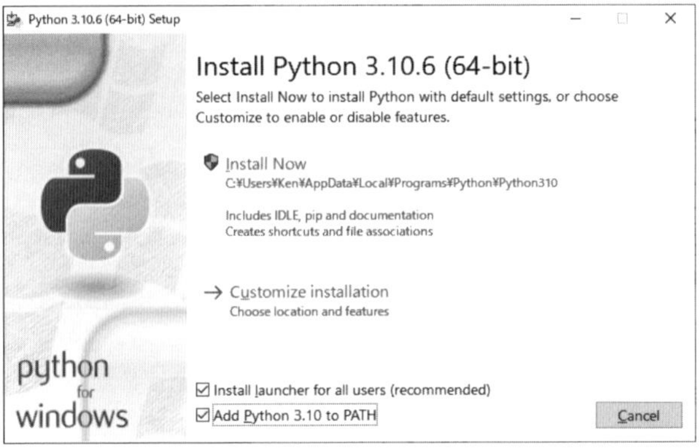

　あとは、インストールウィザードの「Add Python 3.10 to PATH」にチェック
を入れて、「Install Now」ボタンを押すだけで、インストール作業は完了します。
　これで、Windowsであればコマンドプロンプトで、Pythonのプログラムを実行
できる`python`コマンドを利用できるようになります。

JavaScript：Node.js

　Node.jsは、JavaScriptのサーバーサイドのプログラミング環境です。Node.js
のサイトから入手できます（**図3**）。URLは次の通りです。

```
https://nodejs.org/ja/
```

図3●Node.jsのサイト

　このサイトから、Windowsであれば、本書執筆時点では「node-v16.XX.X-x64.msi」（Xはバージョンを表す数字）といったファイル名のインストーラーをダウンロードできます。

　このインストーラーを実行すれば（**図4**）、あとはインストールウィザードの指示に従うだけで、インストール作業は半自動で完了します。

図4●Node.jsのインストーラー

これで、Windowsであればコマンドプロンプトで、JavaScriptのプログラムを実行できる `node` コマンドを利用できるようになります。

ソースコードの表記について

　本書では、`Python` と `JS` のアイコンの下に、Pythonのソースコード、あるいはJavaScriptのソースコードを次のように掲載しています。

`Python`
```python
print("Hello World.") # Hello World.
```

`JS`
```javascript
console.log("Hello World."); // Hello World.
```

　ここで、水色のコメントの「# Hello World.」や「// Hello World.」は、そのコードを実行したことで表示される文字列を表しています。ですから、水色のコメントを入力する必要はありません。

掲載コードのダウンロード

　本書に掲載したPythonとJavaScriptのコードは、本書のWebページからダウンロードできます。本書のWebページは、日経ソフトウエアの「別冊バックナンバー」のWebページ（以下のURL）からたどれます。

```
https://nkbp.jp/nsoft_books
```

　追加情報等も必要に応じて、本書のWebページに記載します。

※著者および日経BPは、すべてのPythonおよびJavaScriptのプログラミング環境での掲載コードの動作を保証するものではありません。
※掲載コードの著作権は、著者が所有しています。著者および日経BPの承諾なしに、コードを配布あるいは販売することはできません。
※掲載コードの実行や本書の内容の利用・応用は、自己責任で行ってください。著者および日経BPは、掲載コードの実行や本書の内容の利用・応用によって生じるいかなる損害にも責任を負いません。

目　次　CONTENTS

第2部　発展編

第3部　良いコードを書くための技術編　259

※本書は 2022 年 9 月時点での情報に基づいて執筆されています。

第 1 部

基礎編

第1章 PythonとJavaScript をまとめて学ぶ理由

　本書は、PythonとJavaScriptをまとめて学んで、初心者からステップアップしたい人に向けた内容になっています。

　PythonとJavaScriptは、どちらも長い歴史を持ち、現在も非常によく利用されているプログラミング言語です。この2つの言語は**似ている部分もありながら、まったく異なる部分もあります**。両者を比較しながらまとめて学ぶと**より深くプログラミングを理解できる**と、筆者は考えています。

想定する読者層

　本書の想定する読者層は、何らかのプログラミング言語で何となくプログラムを書いたことのある初心者の方から、中級者に差し掛かった方です。プログラミング言語がまったくの初めてという方や、コンピュータでコマンドを一度も打ったことがないという方には、この本は少し難しいかもしれません。もっと図解が豊富な本で勉強する方が良いと思います。

　逆に、中級者以上の方にとっては本書は知っている内容ばかりでつまらないかもしれません。

　あくまでも本書は、プログラミングを始めたばかりの方が、プログラミング言語の奥深い世界を覗き見しながらステップアップしてほしいと願って書かれています。

本書の範囲

　目次からもわかるかもしれませんが、本書はプログラミング言語として基礎的な機能について解説しています。何よりも、プログラミング言語の様々な機能をしっかりと理解してもらうことに主眼を置いています。

　ですので、機械学習の説明はありませんし、便利なライブラリの使い方の説明もありません。JavaScriptにおいては、DOM（Document Object Model）などの説明もありません。

　その代わりと言っては何ですが、本書では単に Python と JavaScript の機能を説明するだけではなく、なるべくその機能の背景や関連した話題を盛り込むようにしました。

　本書の構成は以下の通りです。

第1部　PythonとJavaScriptの基礎的な機能を説明
第2部　やや発展的な話題として、クラスや例外、モジュール管理などを説明
第3部　より良いコードを書くための基本的な考え方などを説明

なぜ比較しながらまとめて学ぶのか

　本書の最大の特徴は、Python と JavaScript を比較しながらまとめて解説している点です。プログラミング言語系書籍のほとんどは、基本的に1つの言語に関してのみの解説が書かれています。それが王道のスタイルです。

　ですが、筆者が多くの素晴らしいプログラマーを近くで見てきた経験から言うと、彼ら・彼女らに共通して言えるのは、**決して1つのプログラミング言語だけを知っているわけではない**、ということです。**複数の言語を非常によく理解していて、この言語ならこのように表現する、あの言語ならあのように表現する、ということを知っています**。言ってしまえば、**イケてるプログラマーは1つの問題を多角的に考えることができる**のです。

　この点に関して、もう少し説明しましょう。まず、現在世の中には非常に多くのプログラミング言語が存在しています。そもそも、なぜそんなに多くのプログラミング言語があるのでしょうか？　それぞれにできることが違うからでしょうか？

　確かに、各言語ごとに機能の差はあります。ですが、実は**ほとんどのプログラミング言語において、どのような処理を実装できるかに差はない**のです。ある言語で実装できる処理（例えば、複雑な数式を解くとか、機械学習とか）は、他のどの言語でも基本的には実装可能なのです。これは数学的に証明されていて、専門用語で「チューリング完全」と言ったりします。

　あるいは、どんなプログラミング言語で書いたとしても、最終的には機械語として実行されます。つまり、どんなに凄いプログラミング言語であっても、機械語の

能力を超えることはできないのです。

　では、書ける処理に差がないのに、なぜ新しいプログラミング言語が次々と開発されているのでしょう？

　それは、「どのように書けるのか」が各言語によって大きく異なるからです。いくら「最終的には機械語でしょ」と言っても、機械語であらゆる処理を書きたいとは思いません。大変過ぎます。同じ理由で、必要に迫られない限り、C言語でプログラミングすることもあまりないでしょう。できるなら、もっと現代的なプログラミング言語を選択したいと思うのが普通です。

　そして、「どのように書けるのか」は、「どのように書くことを良いと考えるのか」がポイントになります。詰まるところ、**プログラミング言語の差は、「何を良いと考えるのか」の差なのです。ここに比較しながら学ぶ必要性が隠れています。**

　比較しながら学ぶことによって、1つの事象に関してPythonとJavaScriptでどのように考え方が異なるのか（あるいは同じなのか）を知ることができます。色々な考え方を知ることで、一歩成長したプログラマーになることができるのです。

　PythonとJavaScriptを選択したのは、もちろん両方とも現在人気の言語で、商業的にも重要だということがあります。最近のWeb開発では、バックエンドはPythonで、フロントエンドはJavaScript（あるいはJavaScriptの発展版としてのTypeScript）で書かれることも多く、この2言語を学ぶ必要性があります。

　ですが、それだけではありません。冒頭でも書きましたが、**PythonとJavaScriptは比較的よく似ていながら、まったく異なる面も持ち合わせており、比較して学ぶのにちょうど良いのです。**

　ぜひ、このPythonとJavaScriptを通じて、プログラミングの奥深く、楽しい世界を体験してもらえたらと思っています。

▌本書を読む上での注意点

　新しく登場する言語の機能などは、都度説明していきます。ただし、まだちゃんと説明していない文法、例えば関数定義などが突然登場する場合もあります。その場合は、その関数定義部分を何となくの理解のまま読み進めてもらって大丈夫です。「後で解説あるけど、何となくこう書くんだなぁ」と理解しておいてもらえたらと思います。

　また、同じような説明を何回か繰り返したりもしています。これは「大事なこ

となので2回言いました」方式です。「似たような説明を以前にも読んだぞ」と思ったら、おそらくそれはとても重要な概念や機能の説明なのだということです。ぜひ、しっかり理解してもらえたらと思います。

それでは、PythonとJavaScriptの機能の説明に入る前に、両言語の背景などを把握しておきましょう。

Pythonの歴史

Pythonは、グイド・ヴァンロッサム氏によって1991年に公開されました。非常に歴史ある言語ですね。

その後、Pythonバージョン2が2000年に発表され、2008年にはPythonバージョン3が発表されました。本書の執筆時点での最新バージョンは3.10.5です。

Pythonバージョン2系とPythonバージョン3系は色々と異なっていて、3系登場以降もしばらくは2系と3系の両方を理解する必要がありました。ただし、2系は2020年にサポートが終了したこともあり、最近では意識することが少なくなってきています。本書では3系の最新バージョンに合わせて説明していきます。

Pythonは、もともと海外では高い人気がありましたが、2000年代はRuby on Railsの登場により、特に日本国内ではRubyの方が人気があったと思います。

それが、機械学習が大きく進化し、そして機械学習ライブラリの多くがPythonで書かれたことから、国内でもPython人気がどんどん高くなって現在に至っています。

ちなみに、Pythonは英国のコメディ番組「空飛ぶモンティ・パイソン」からとった名前です。本来のPythonの意味は「ニシキヘビ」です。余談ですが、この「空飛ぶモンティ・パイソン」は、「スパムメール」という言葉を生み出した源の一つとも考えられています。Pythonのサンプルコードでは、spam という変数名を時々見ることがあります。

Pythonの概要

インデント

　見た目上のPythonの特徴は、何と言っても**インデントでブロックを区切ること**だと思います。ちなみに、インデントに意味を持たせることを**オフサイドルール**と言ったりします。サッカーなどのオフサイドから来た名前で、ある線引（インデント）で有効な部分が決まるという意味です。

　例えば、関数を定義する際には以下のように書きます。

```Python
def say_hello():
    print("Hello")
```

　2行目がインデントされていますが、ここが関数のブロックであることの印になっています。

　もともと、作者のグイド氏は、「ABC」というプログラミング言語を開発していて、そのABCがオフサイドルールを採用していました。Pythonのオフサイドルールはここから来ているとも言われるので、ABCはPythonのご先祖様になるかもしれません。

　オフサイドルールの良い点は、パッと見てブロックの区切りがわかりやすいことです。

　そもそもオフサイドルールを採用していない言語であっても、ブロックごとにインデントを深くしていくのが通常のお作法になっています。それであれば言語の機能として取り込んでしまおうというわけです。

　また、ブロックの終端の記号を書く必要がないこともコードを少しすっきりさせてくれます。オフサイドルールがない言語の場合、ブロックの開始と終わりを示すための記号が必要になります。JavaScriptなら{}でブロックを表現します。Rubyならendでブロックの終わりを表現します。

　例えば、同じようなコードをJavaScriptとPythonで書き比べてみましょう。

```JS
class Sample {
    foo(x) {
        if (x === 1) {
            console.log("CALL");
        }
    }
}
```

```Python
class Sample:
    def foo(self, x):
        if x == 1:
            print("CALL")
```

　JavaScriptでは、ブロックが終了したことを示すために } で3行使っています。一方、Pythonにはそのような行がありません。

　ちょっと大きなコードだと、このようなブロック終了の目印のために何十行も使うことは珍しくありません。それがPythonだとごそっと消えるので、コードがすっきりしやすいのです。

　ちなみに、行末にバックスラッシュ（Windowsの場合は¥マーク）を置けば好きな位置で改行することが可能です。その場合のインデントは無視されますので、

```Python
a = 1 + 2 + 3 + 4
```

と

```Python
a = 1 + \
    2 \
        + 3 \
+ 4
```

は同じコードになります。

┃ インタプリタ型

　プログラミング言語にはざっくり分けて、コンパイル型とインタプリタ型の2つ

があります。**Pythonはインタプリタ型**です。

コンパイル型は、C言語などで、コードを一度コンパイル（機械語などに変換）しないと実行できないタイプの言語を指します。

これに対して、インタプリタ型は基本的にコンパイルが不要で、コードを書くとそのまま実行できます。

ただし、近年の言語ではコンパイル型とインタプリタ型の区別は曖昧になってきています。さらに、IDE（統合開発環境）を使っていると、IDEが自動でコンパイルを行ってくれる場合もあるので、開発中にコンパイル型かインタプリタ型かを意識することは少なくなってきています[*1]。

また、Pythonは**動的な型付け言語**でもあります。これは実行前の静的な型チェックがないことを意味します。

一方で、Pythonでは**型アノテーション（型の情報）をコードに書くことは可能**で、`mypy`などの外部ツールを利用して型チェックを行うことができます（Pythonの型アノテーションはコメント扱いなので、素のPythonでは型チェックを行いません）。本書では、Pythonの基礎的な解説を主眼に置いているため、型アノテーションは特に必要でない限り書いていませんが、型チェックは非常に強力ですので、ぜひ利用を検討してみてください。

実行方法

Pythonのコードを記述したファイルは`sample.py`のように`.py`という拡張子を付けます。そして、次のように、`python`コマンドにそのファイルを渡すことで、ファイルを実行できます。

```
> python sample.py
```

REPL

PythonにはREPL（Read-Eval-Print Loop）という、対話的にコードを書ける機能があります。REPLを利用すれば、コードをファイルに記述することなく実行できます。

[*1]　ただし、例えばiOSアプリの開発で、アプリのビルドで時間がかかるような場合はまだまだあります。

REPLを立ち上げるには`python`コマンドを入力します。

```
> python
```

と入力すれば、

```
>>>
```

というプロンプトが表示され、以降に、任意のPythonコードを書くことができます。関数やクラス定義などももちろん記述できます。

例えば、REPLで簡単な足し算を行うと、このようになります。

`Python`
```
>>> 1 + 2
3
```

`1 + 2`を計算してみましたが、その結果の`3`が、`1 + 2`の行のすぐ下に表示されます。

なお、REPL環境を終了するには、

`Python`
```
>>> exit()
```

と入力してください。

pythonコマンドでの実行

REPL以外にも、ファイルなしでコードを実行することができます。`-c`というオプションで`python`コマンドを実行すると、任意のコードを動かせます。以下に例を示します。

`Python`
```
> python -c "print(1 + 2)"
3
```

`-c`の後ろのコードが実行されます。

Pythonの禅

　Pythonには言語の思想を伝えるものとして`The Zen of Python`というものがあります。「Pythonの禅」という意味です。

　仏教の禅から来ていて、Pythonの思想や心情、考えを表明したものになります。REPL環境などで`import this`を実行すると読めるようになっています。少し長いですが、Pythonの気持ちを理解する上で役に立つので紹介しておきます。

`Python`
```
>>> import this
The Zen of Python, by Tim Peters

Beautiful is better than ugly.
Explicit is better than implicit.
Simple is better than complex.
Complex is better than complicated.
Flat is better than nested.
Sparse is better than dense.
Readability counts.
Special cases aren't special enough to break the rules.
Although practicality beats purity.
Errors should never pass silently.
Unless explicitly silenced.
In the face of ambiguity, refuse the temptation to guess.
There should be one-- and preferably only one --obvious way to⤾
 do it.
Although that way may not be obvious at first unless you're Du⤾
tch.
Now is better than never.
Although never is often better than *right* now.
If the implementation is hard to explain, it's a bad idea.
If the implementation is easy to explain, it may be a good idea.
Namespaces are one honking great idea -- let's do more of those!
```

　日本語訳は以下のようになります。

```
Pythonの禅 by Tim Peters(The Zen of Python, by Tim Peters)

醜いよりも、美しい方が良い。(Beautiful is better than ugly.)
暗黙的よりも、明示的である方が良い。(Explicit is better than implicit.)
```

雑多であるよりも、単純である方が良い。(Simple is better than complex.)
複雑よりも、雑多である方が良い。(Complex is better than complicated.)
ネストしているよりも、フラットである方が良い。(Flat is better than nested.)
密であるよりも、疎である方が良い。(Sparse is better than dense.)
読みやすさを重視する。(Readability counts.)
特殊であっても、ルールを破るほど特殊ではない。(Special cases aren't special enough to break the rules.)
一方、現実の問題で純粋さを失うことはある。(Although practicality beats purity.)
エラーを黙って見過ごしてはいけない。(Errors should never pass silently.)
意図していないならば。(Unless explicitly silenced.)
曖昧さに出会ったら、安易な予想を拒否せよ。(In the face of ambiguity, refuse the temptation to guess.)
明白な1つの、そして望ましいたった1つの方法があるはずだ。(There should be one-- and preferably only one --obvious way to do it.)
ただし、最初はその方法はわかりにくいかもしれない。あなたがオランダ人でなければ。(Although that way may not be obvious at first unless you're Dutch.)
ずっとやらないよりも、今やる方が良い。(Now is better than never.)
ただし、今すぐやるよりも、ずっとやらない方が良いこともしばしばある。(Although never is often better than *right* now.)
コードの説明が難しいならば、それは悪いアイデアだ。(If the implementation is hard to explain, it's a bad idea.)
コードの説明が簡単ならば、おそらくそれは良いアイデアだ。(If the implementation is easy to explain, it may be a good idea.)
名前空間はイケてるアイデアだ。積極的に使おう。(Namespaces are one honking great idea -- let's do more of those!)

　この禅をどのように解釈するのかは、本書全体を読んだ上で、読者自身で行ってほしいと思います。あるいは、この禅を意識しながら本書を読むと「あー、この機能の背景にはこの禅があるのか」と納得することもあると思います。いずれにしろ、**ご自身の体験を通じてこの禅を解釈してください**。何せ禅ですから、不立文字。本来は言葉のみで表現し切れるものではありませんね。

　とはいえ、何点か捕捉をしておきます（解釈までは書きません。あしからず）。

明白な1つの、そして望ましいたった1つの方法があるはずだ。

　これはPerlというプログラミング言語のThere's More Than One Way To Do It. (TMTOWTDI)、すなわち、「やり方は1つじゃない」という標語に対する言葉です。TMTOWTDIはPerlの多様性を尊重する思想を表現し、同じ処理に対

して人それぞれのコードの書き方を許容するという標語です。このTMTOWTDIに対して、Pythonでは「明白な1つの、そして望ましいたった1つの方法があるはずだ。」という禅を打ち立てています。この禅のために、Pythonでは「やり方は1つだけが良い」と考えられているとか、あるいはPythonは「誰が書いても同じようなコードになる」と宣伝された時期がありました。

しかし、これは誤解だと思います。実際問題、Pythonでも1つの処理を、様々な方法で書くことができます。事実として、PythonもTMTOWTDI、つまり「やり方は1つじゃない」のです。そして最近では「誰が書いても同じようなコードになる」というのはあまり言われなくなってきました。では、この禅をどう解釈するのか…。それはぜひご自身で考察してみてください。

また、次の行の、

ただし、最初はその方法はわかりにくいかもしれない。あなたがオランダ人でなければ。

のオランダ人というのは、Pythonの作者であるグイド氏のことを指していると言われます。

┃コーディングルール

Pythonのコードを書く際には、従うべき**コーディングルール**が決められています。**PEP 8**と呼ばれるもので、以下のURLで読めます。

```
https://pep8-ja.readthedocs.io/ja/latest/
```

本書もこのPEP 8に従います。

本書を読む上で意識する点だけをあげておきます。

- インデントは空白4つ
- トップレベルの関数やクラスは2行の空行を入れる
- 命名規則
  - 関数名や変数名は、スネークケース
  - クラス名は、先頭大文字のキャメルケース
  - 定数名は、すべて大文字のスネークケース

　スネークケースは、`spam_and_egg`のように、単語間の区切りを`_`で表現する方法のことです。見た目が蛇のように見えることからスネークケースと呼ばれます。

　キャメルケースは`SpamAndEgg`のように単語間の区切りを大文字で表現する方法のことです。見た目がラクダ（キャメル）のこぶのように見えることからキャメルケースと呼ばれます。

　ただし、説明のためにあえてPEP 8から外れる場合もあります。あしからず。

Hello World

　Pythonの個々の文法は次の第2章以降で解説しますが、その準備としてお決まりのプログラムである「Hello World」を実行しておきましょう。

　まず、コマンドプロンプトやコンソールを立ち上げ、あなたご自身のpythonコマンドを実行してください。"あなたご自身"というのは、環境によってはpythonではなく、`python3`というコマンドだったりするからです。

　pythonコマンドをファイルの指定なしで実行すると、REPL環境が立ち上がります。

`Python`
```
print("Hello World.") # Hello World.
```

と打ち込むと`Hello World.`と表示されます。

　`print`関数が、標準出力を行ってくれる機能です。そして、その横の`#`がPythonのコメントのマークになり、`#`から行末までがコメントになります。

　では、`exit()`を打ち込んでREPL環境を終了させ、任意のファイル、例えば`sample.py`に先ほどのコードを書いて、`python sample.py`を実行してください。すると`Hello World.`が表示されます。

JavaScriptの歴史

JavaScriptはとても数奇な運命をたどった言語だと思います。**一度激しく嫌われ、そして再び脚光を浴びた言語**です。

JavaScriptの登場は1995年です。Pythonよりも少し遅れて登場しました。当時人気のあったNetscape NavigatorというWebブラウザに搭載されました。

JavaScriptの登場で、それまで静的だったHTMLの画面に、ちょっとした動きを付けられるようになりました。この辺りは、90年代のインターネットを体験した人に受ける話題なのですが、カーソルを動かすと小さな星が一緒についてくるとか、文字を点滅させるとか、そういうギミック用として使われていました。

JavaScriptは広く利用されるようになったものの、課題を抱えていました。まず、当時のパソコンの性能は今ほど高くなく、JavaScriptによるちょっとしたギミックのせいでパソコンが遅くなることが嫌われました。さらに、ブラウザクラッシャー（通称：ブラクラ）と呼ばれるJavaScriptを使ったいたずらが流行ったりしていました。そのため「JavaScriptの機能をオフにすべき」と言われることも多かったと思います。

また、1996年にWebブラウザのInternet Exploler 3.0（通称：IE）が登場しました。このIEにもJavaScriptが搭載されましたが、それはマイクロソフトの独自実装（JScript）でした。つまり、Netscape NavigatorのJavaScriptとは互換性がありませんでした。このときから、JavaScriptはWebブラウザごとに書き方を変える必要が出てきてしまい、その面倒さから、Web開発者からも嫌われる存在になっていったのです。

しかし、2000年代に入り、状況が変わっていきました。おそらくその最も大きな契機は**AJAX**の登場でしょう。今では当たり前の技術になっていますが、ページ遷移を行わずに画面を更新していくというのは、2000年代には非常に斬新なものでした。さらに、prototype.jsやjQueryなど、Webブラウザ間の違いを吸収して、様々なことを補ってくれるライブラリが登場したことで、2000年代後半にはJavaScriptが大きく注目されるようになりました。

その後、**Node.js**の登場によって、Webブラウザ上だけでなく、**サーバーサイド**でもJavaScriptが利用されるようになりました。また、要求される画面がどん

どんリッチになっていき、それを補うためにReactなどの様々な技術が開発されていきました。

ちなみに、JavaScriptには静的型チェック機能はありませんが、JavaScriptの拡張として静的型チェック機能を備えた**TypeScript**という言語も登場しており、こちらも人気になっています。

JavaScriptという名前は、当時人気が出てきていたJava言語にあやかって付けられました。Javaとはまったく無関係ですが、Javaの4文字を使ってしまったのです。言語的にもJavaScriptとJavaはかなり異なっています。

JavaScriptの概要

標準化

現在のJavaScriptは**ECMAScript（ECMA-262）**という標準規格に従っています。ECMAScriptは、IEなどのWebブラウザ間での仕様の違いを整理するために作られました。

本書執筆時点では、ECMAScriptのバージョンはECMAScript 2022です。ECMAScriptのバージョンは2015年以降、西暦をバージョン名にするようになっています。ちなみに、西暦をバージョン名にする以前は、バージョン5だったので、その流れでECMAScript 2015をES（ECMAScript）6、ECMAScript 2016をES7ときて、ECMAScript 2022をES13と呼ぶことがあります。

一方、**CommonJS**という標準化団体もあります。CommonJSはサーバーサイドJavaScriptの標準化のための団体で、Node.jsなどはCommonJSに従っています。現在ではあまりCommonJSを意識することはありませんが、モジュールの読み込み方法やファイルの扱いなどで少し触れ合うことがあります。

JavaScriptの実行

JavaScriptはPython同様、**動的な型付け言語**で、**インタプリタ型**の言語でもあります。

JavaScriptの実行環境は、広く普及していますね。WebブラウザがあればいつでもJavaScriptを実行することができます。例えば、Chromeであれば、デベロッ

パーツールを立ち上げると、JavaScriptを実行できるコンソールが表示されます。

　Webブラウザ以外での実行環境としては、**Node.js**を利用できます。Node.js
をインストールして、

```
node
```

というコマンドを入力すると、REPL環境が立ち上がります。このREPLを終了さ
せるには、Ctrl＋Dを入力するか、Ctrl＋Cを2回入力してください。

Hello World

　JavaScriptでもHello Worldをやっておきましょう。定番ですからね。

　まず、`node`コマンドでREPL環境を立ち上げたら、以下のコマンドを実行して
ください。

```JS
console.log("Hello World."); // Hello World.
```

　JavaScriptの標準出力は`console.log`で行います。`//`は1行コメントのマー
クで、これより右側がコメントになります。

　では、Ctrl＋DでREPL環境を閉じて、ファイルでの実行を試してみましょう。
先ほどのコードを、例えば`sample.js`に記述して、

```
> node sample.js
```

と実行してください。`Hello World.`が表示されます。

　本書では基本的にNode.jsでの実行を念頭においてJavaScriptのコードを記述
しています。

コメント

　JavaScriptのコメントはいくつかの書き方があります。まず、1行コメントは`//`
を利用します。複数行の場合は`/* */`を使います。

```JS
/*
   最初のHello World.
*/
```

のように記述します。また、あまり利用することはありませんが`<!-- -->`という
HTMLのコメント形式も利用できます。

コーディングルール

　JavaScriptに標準的なコーディングルールというものは存在しません。Google、
Node.js、jQueryなどが独自のルールを公開しています。

　本書では大まかに以下のルールで記述しています。

- セミコロンは必ず使う
- 命名規則
  - 関数名や変数名は、キャメルケース
  - クラス名は、先頭大文字のキャメルケース
  - 定数名は、すべて大文字のスネークケース

プログラミング言語において、**値**は最も基本的な機能の一つです。**数値や文字列**などが代表的な値ですね[*1]。

ただし、具体的に何を値として、どのように扱うかはプログラミング言語によって微妙に異なります。PythonとJavaScriptでも少し異なります。

JavaScriptは、値を**primitive（プリミティブ）型**と**構造型**の2種類に分けています。primitive型はその言語にとっての基礎的なデータのことです。JavaScriptでは、メソッドを持たないデータをprimitive型、メソッドを持つデータを構造型としています。一方、Pythonにはそのような分類はなく、**すべてがオブジェクト**として管理されています（すべてのデータがメソッドを持つデータになります）。

表1-2-1で、JavaScript側のデータはすべてprimitive型です。nullは、JavaScriptでは特殊なprimitive型の値になっています。

表1-2-1●Pythonの数値などの型とJavaScriptのprimitive型

	Python （すべてオブジェクト）	JavaScript （この表のものはすべてprimitive型）
数値	整数型 int 実数型 float 複素数型 complex	数値型 number 長整数型 bigint
真偽値	True/False	true/false
	False、None、0、空文字列、空リスト、空の辞書などを偽と評価	false、undefined、null、0、NaN、空文字列を偽と評価
「何もない」を 表現する値	None	null、undefined
文字列	str型	string型

JavaScriptでは、nullとundefinedを除いたprimitive型には、**ラッパークラス**という構造型のデータが用意されています。例えば、number型にはラッパーク

[*1] 値とは何なのかというのは、実は結構難しい問題です。興味のある方は「第一級オブジェクト」などを調べてみてください。

ラスの「`Number`クラス」があります。ただ、primitive型とラッパークラスの違いを意識することはほとんどありません。

ちなみに、JavaScriptのprimitive型にはシンボル型というものもありますが、一般の開発者が利用することはあまりないのでここでは割愛します。

数値

数値型は最も基本的なデータ型の一つです。数値型で気を付ける必要があるのは、

- 整数と実数(小数を含む数)の扱い
- 表現できる数の範囲

です。

多くのプログラミング言語では、整数と実数を分けて扱います。これは整数と実数の内部表現が大きく異なるためです。実数は基本的に**浮動小数点数**（floating point number）という方式で表現されます。なので、実数の型は`float`型になります。

また、表現できる数値の範囲が決まっている場合があります（そもそも、範囲の制限があって当たり前なのですが、最近のプログラミング言語では、型によってはメモリーが許す限り、大きな数値を表現できる場合もあります）。この範囲を超えた場合は、計算が保証されなかったり、そもそも定義できず、おかしな値になることがあります。

Pythonの数値型

Pythonは整数（`int`型）と実数（`float`型）を分けて管理しています。`int`型には仕様上の上限がなく、基本的には**メモリーや処理系の制限の範囲内でいくらでも大きな（あるいは小さな）値を表現できます**。

実数型は内部的に64ビットの**倍精度浮動小数点数**という方式で表現されます[*2]。

実数型は表現できる範囲が決まっています。最大値は**sys.float_info.max**で確

[*2]　Pythonであえて32ビットの単精度浮動小数点数を使いたいのであれば、「NumPy」ライブラリを利用する方法があります。

認できます。数値としては、

```python
import sys
sys.float_info.max # 1.7976931348623157e+308
```

です。e+308というのは、10の308乗という意味です。

また、正の最小の数はsys.float_info.minで確認できます。

```python
import sys
sys.float_info.min # 2.2250738585072014e-308
```

e-308は、10のマイナス308乗という意味です。

なお、浮動小数点数の計算では、丸め誤算などの影響で思わぬ結果になることがあるので注意する必要があります。

Pythonがユニークなのは、**複素数型**（complex型）を組み込み型として提供しているところです。

```python
c1 = 1 + 2j
c2 = 3 + 4j
c3 = c1 + c2
print(c3) # (4 + 6j)
print(c3.real) # 4.0
print(c3.imag) # 6.0
```

jが虚部を表す記号になっています。といっても、普段は複素数型を使うことはあまりありません。数値計算などで必要になった際に利用を検討してみてください。

JavaScriptの数値型

JavaScriptは**整数と実数を区別していません**。整数も倍精度浮動小数点数の実数型（number型）として扱うようになっています。

安全に利用できる整数の範囲が決められています。上限はNumber.MAX_SAFE_

INTEGERで確認でき、9007199254740991（= 2**53 - 1）です。この値を超えると挙動が妙なことになります。例えば、

```JS
Number.MAX_SAFE_INTEGER + 1 === Number.MAX_SAFE_INTEGER + 2;
```

は**true**になってしまいます！[*3]

この値の範囲を超える整数を扱いたいときは、`bigint`型を使います。`bigint`型は以下のように数値の後ろに`n`を付けるか、ラッパークラスの`BigInt`を明示的に呼び出して利用します。

```JS
x = 1n;
typeof(x); // bigint
y = BigInt(2);
typeof(y); // bigint
```

では、先ほどエラーになった等式を`bigint`型で計算してみましょう。

```JS
BigInt(Number.MAX_SAFE_INTEGER) + 1n === BigInt(Number.MAX_SAF↴
E_INTEGER) + 2n; // false
```

ちゃんと `false`が表示されます！

`bigint`型は`number`型と同様に四則演算などに対応していますが、`number`型との併用はできません。

```JS
1 + 2n; // Uncaught TypeError: Cannot mix BigInt and other typ↴
es, use explicit conversions
```

「Uncaught TypeError: Cannot mix BigInt and other types, use explicit conversions」というエラーが発生してしまいます。

[*3] これは倍精度浮動小数点数の限界です。Pythonでもfloat型の場合、同様の現象が発生します。

数値リテラル

リテラルは、値の表現方法のことです。数値には数を表現するためのいくつかのリテラルが用意されています。先ほどの `1 + 2j` や `1n` などもリテラルです。

いくつかの基本的な数値リテラルは、Python と JavaScript で書き方が同じなのでまとめて紹介します。

2進数

`0b101`（あるいは `0B101`）のように `0b` 数値という書き方で2進数を表現できます。

```
0b101
```

ちなみに、`0b101` は10進数では5になります。

8進数

`0o101`（あるいは `0O101`）のように `0o` 数値という書き方で8進数を表現できます。なお、`0o` の0は数字のゼロで、oはアルファベットのオーです（あるいは、数字のゼロとアルファベットのオーの大文字です）。

```
0o101
```

ちなみに、`0o101` は10進数では65になります。

16進数

`0x101`（あるいは `0X101`）のように `0x` 数値という書き方で16進数を表現できます。

```
0x101
```

ちなみに、`0x101` は10進数では257になります。

また、16進数の場合は、0-9までの数字に加えてA-F（a-f）までの6文字のアルファベットを数値として利用できます。例えば、`0xab2` は、10 * (16**2) + 11 * 16 + 2 = 2738 となります。

exponent

すでに出てきていますが、e 数値と書くことで 10 の何乗かを表現できます。

```
1.2e3
```

`1.2e3` は、1.2 * 10**3 = 1200.0 です。

アンダースコア

数字の並びのどこにでも「_」（アンダースコア）を挿入できます。これを利用して、例えば以下のように、3桁ずつ区切って、数値を見やすく表現することが可能になります。

```
1_234_567
```

`1_234_567` で 1234567 になります。

真偽値

真偽値の真として Python は `True`、JavaScript は `true` を持ち、偽として Python は `False`、JavaScript は `false` を持ちます。また、どちらも真は数値の1のように、偽は0のように振る舞います。

```Python
1 + True # 2
```

```JS
1 + true; // 2
```

Python で真偽値を表す `bool` 型は数値型の派生です。

JavaScript で真偽値を表す `boolean` 型は、型として数値と関係があるわけではないのですが、まるで数値であるかのように振る舞うことが仕様で決められています。

Falsy（偽値）

両言語とも、**真偽値型以外の値も真偽値として判定**されます。偽と評価する値

だけが特別に決められていて、それ以外は真と判定されます。このような、偽と評価する値をFalsy（偽値）、真と評価する値をTruthy（真値）と言ったりします。

PythonのFalsyは、`False`、`None`、0、空文字列`""`、空リスト、空の辞書です（リストは、Pythonにおける配列、辞書はPythonにおける連想配列になります。後で詳しく解説します）。

一方、JavaScriptのFalsyは、`false`、`undefined`、`null`、0、NaN（Not a Number）、空文字列です。

どちらも同じような値をFalsyにしていますが、Pythonでは空リストや空の辞書がFalsyなのに対し、JavaScriptでは空配列、空のオブジェクトはTruthyです。

```Python
not(not([])) # 空リスト。False
not(not({})) # 空の辞書。False
```

```JS
!![]; // 空配列。true
!!{}; // 空のオブジェクト。true
```

「何もない」を表す値

Pythonの「何もない」

Pythonで「何もない」を表すのは`None`です。これはほかの言語の`null`や`nil`と同じものです。`None`は、`NoneType`型の唯一のインスタンスです。`None`を何かの演算（例えば足し算）で使おうとすると、TypeErrorが発生します。

```Python
1 + None # TypeError
```

返り値が指定されていない関数・メソッドは`None`を返すようになります。

JavaScriptの「何もない」

JavaScriptで「何もない」を表現する値は`null`と`undefined`です。`undefined`はその名の通り「未定義」を表現する値で、具体的には宣言されただけの変数の値になります。

```JS
let x;
console.log(x); // undefined
```

　nullとundefinedは似ていますが、挙動が少し異なります。typeof関数でnullをチェックするとobjectになりますが、undefinedはundefinedが返ります。

```JS
typeof(null); // object
typeof(undefined); // undefined
```

　また、nullとundefinedを等価演算子（==）で比較した場合と、厳密等価演算子（===）で比較した場合では結果が異なります。

```JS
null == undefined; // true
null === undefined; // false
```

　さらに、算術演算子ではnullが0のように振る舞うのに対して、undefinedはNaN（Not a Number、非数）と解釈されます。

```JS
1 + null; // 1
1 + undefined; // NaN
```

　どちらも利用可能ですが、undefinedを積極的に使うことはあまり多くはないと思います。

　返り値が指定されていない関数・メソッドはundefinedを返すようになります。

なぜJavaScriptにはundefinedがあるのか

　プログラミング言語では、nullのような値はたいてい用意されていますが、JavaScriptのundefinedのように、未定義を表現するための値は珍しいと言えます。では、なぜJavaScriptにundefinedがあるのでしょうか。これは、Javaに似せ

ようとした結果だとされています[*4]。

Javaには、primitive型とObject型があり、これをJavaScriptも踏襲しています（primitive型と構造型）。そして、JavaのObject型には「何もない値」としてnullがありますが、Javaのprimitive型にはそのような特殊な値はありません。

これを受けて、JavaScriptも構造型にnullを導入したわけですが、primitive型の「何もない値」をどうするかが問題になりました。

Javaは変数宣言の際に型を明示するので、primitive型かどうかがわかるのですが、JavaScriptでは変数宣言に型が不要です。ですから、変数が宣言されただけでは、その変数がprimitive型なのか構造型なのかが判断できません。そこで、nullかどうかもわからないということを明示化するためにundefinedが導入されたようです。

「なるほど」と思いますが、現代となってはこの仕様はやや複雑でundefinedは不要だったかもしれませんね。

文字列

Pythonの文字列も、JavaScriptの文字列も、ともにシングルクォート（'）、あるいはダブルクォート（"）で囲んだ値になります。

```JS
x = '何かの文字列';
x = "何かの文字列";
```

言語によっては、シングルクォートとダブルクォートで機能に差がある場合がありますが、PythonとJavaScriptではどちらもほぼ同じです。

Pythonではダブルクォートを3つ重ねた3重引用符（"""）も文字列として評価されます。また、JavaScriptではバッククォート（`）も文字列として評価されます。

文字列操作でよく使われる関数とメソッドの一覧を**表1-2-2**に示します。PythonもJavaScriptもこれら以外にも便利なメソッドが用意されているので、ぜひ公

[*4]　https://2ality.com/2013/05/history-undefined.htmlを参考にしました。

式ドキュメントを参照してみてください。

表1-2-2●よく使われる文字列操作

	Python	JavaScript
基本操作		
長さ取得	len(s)	s.length
結合	s + t	s + t あるいは s.concat(t)
tがsの最初の何文字目からか	s.find(t) あるいは s.index(t)	s.indexOf(t)
tがsの最後の何文字目からか	s.rfind(t) あるいは s.rindex(t)	s.lastIndexOf(t)
チェック系		
tを含むかをチェック	t in s	s.includes(t)
tを含まないかをチェック	t not in s	!s.includes(t)
tで始まるかをチェック	s.startswith(t)	s.startsWith(t)
tで終わるかをチェック	s.endswith(t)	s.endsWith(t)
部分文字列系		
i番目の文字	s[i]	s.charAt(i) あるいは s[i]
i番目からj-1番目までの部分文字列	s[i:j]	s.substring(i, j)
i番目以降の文字列	s[i:]	s.substring(i)
tで分割	s.split(t)	s.split(t)
変換系		
小文字に変換する	s.lower()	s.toLowerCase()
大文字に変換する	s.upper()	s.toUpperCase()
逆順の文字列	s[::-1]	s.split("").reverse().join("")
前後の空白を削除	s.strip()	s.trim()
前の空白を削除	s.lstrip()	s.trimStart()
後の空白を削除	s.rstrip()	s.trimEnd()
置換系		
すべてのtをuに置換	s.replace(t, u)	s.replaceAll(t, u)
最初のtをuに置換	s.replace(t, u, 1)	s.replace(t, u)
複数の文字をそれぞれ置換	s.translate(str.maketrans({'a': 'A', 'b': 'B'}))	s.replaceAll('a', 'A').replaceAll('b', 'B') ★注
正規表現で置換（最初の1つだけ）	import re re.sub('a+', '_', s, count=1)	s.replace(/a+/, '_')
正規表現で置換（すべて）	import re re.sub('a+', '_', s)	s.replaceAll(/a+/g, '_')

いくつか補足しておきます。

Pythonの`s.find(t)`と`s.index(t)`は基本的に同じ「何文字目からか」を返してくれますが、s中に`t`が見つからなかった場合、`find`は`-1`を返して、`index`は`ValueError`例外を投げます。`rfind`と`rindex`も同様です。JavaScriptの`indexOf`と`lastIndexOf`はともに`-1`を返します。

```Python
s = "abc"
s.find("b") # 1
s.index("b") # 1
s.find("z") # -1
s.index("z") # ValueError
```

表の「複数の文字をそれぞれ置換」でのPythonの`translate`はPython独特の処理になります。JavaScript側に「*注」とありますが、Pythonの`translate`とJavaScriptの`replaceAll`の処理の連鎖は同じ結果にならない場合があります。`replaceAll`の連鎖では、置換順序が影響する場合があるからです。これはPythonの`replace`を使っても同じことなので、Pythonの`replace`で説明します。

例えば、ある文字列の2つの文字を交換したい場合を考えましょう。

```
abc -> bac
```

`a`と`b`が反転するように変換したい場合、`replace`ではうまくいきません。

```Python
s = "abc"
s.replace("a", "b").replace("b", "a") # aac
```

とすると変換過程は、

```
abc -> bbc -> aac
```

になってしまって、bacにはなりません。これは最初の`replace`でbへの置換が発生して、もともとbだったのか、置換後にbになったのかがわからなくなるからです。これに対して、`translate`は一気に置換を行ってくれるので、置換順序を気にしなくてよいのです。

```Python
s = "abc"
s.translate(str.maketrans({'a': 'b', 'b': 'a'})) # bac
```

とすると bac に変換することができます。

　表の「正規表現で置換」する処理に関して説明します。まず、JavaScriptでは正規表現を `//` で囲って表します。Pythonは正規表現モジュールの `re` を提供しています（正規表現は、本書では解説しませんが、非常に奥深い機能なのでぜひ調べてみてください）。そして置換処理は、JavaScriptでは文字列の `replace` メソッドを使い、第1引数の正規表現（例では `/a+/` で、aが1個以上続く文字列）にマッチした部分文字列を、第2引数の文字列で置き換えます（replace と replaceAll の第1引数には、文字列を指定することもできます）。Pythonでは、正規表現モジュールの `sub` を使います。`sub` では、第1引数が正規表現に該当しますが、普通の文字列として指定します。そして第2引数に置き換え先の文字列を、第3引数に対象となる文字列を指定します。また、JavaScriptでは、最初の1つだけを置換するのがreplaceメソッドで、対象全部を置換するのがreplaceAllメソッドです。replaceAllに渡す正規表現にはgオプションが必要です（ややこしいのですが、replaceメソッドにgオプション付きの正規表現を渡すとreplaceAllと同じ挙動になります）。Pythonの場合はどちらも正規表現モジュールの `sub` を使います。`sub` の引数に `count=1` とすることで、最初の1つだけを置換するようになります。

変数展開

　変数展開は、文字列中に変数を挿入する機能のことです。

Pythonの変数展開

　Pythonの変数展開にはいくつかの方法があります。最も簡単なものは f 文字列の機能でしょう。

```Python
x = "Kawasaki"
f"{x} is a football club." # Kawasaki is a football club.
```

　f で始まる文字列を定義すると、その中の { } で囲まれた部分が変数呼び出しに

変わります。ちなみに、変数展開と言っていますが、変数以外の式も書けます。

```Python
f"{1 + 2} is a football club." # 3 is a football club.
```

別の方法としては、formatメソッドを利用するものがあります。formatは様々な使い方ができますが、よく使うのは次の3つでしょう。

```Python
"{} is a {}.".format("Kawasaki", "football club")  # Kawasaki
is a football club.

"{0} is a {1}.".format("Kawasaki", "football club")  # Kawasak
i is a football club.

"{s} is a {t}.".format(s="Kawasaki", t="football club") # Kawa
saki is a football club.
```

formatでは{ }の部分が展開される場所になります。{ }自体に何も指定しない場合、formatメソッドの引数の順番に展開されています。
2番目は、{ }に何番目の引数かを指定した例です。
3番目は、キーワード名を指定した例になります。
また、古い方法ですが、%演算子を使っても変数展開を行うことができます。

```Python
"%s is a %s." % ("Kawasaki", "football club") # Kawasaki is a
football club.
```

%sと書かれた部分が文字列として展開されます。ほかにも整数として展開する場合は%dを、実数として展開する場合は%fを指定します。ただ、現在はf文字列やformatメソッドが用意されているので、%演算子を積極的に使うことはないと思います。

JavaScriptの変数展開

JavaScriptの変数展開にはバッククォートを利用します。これはPythonのf文字列に相当します。

```js
JS
s = "Kawasaki";
t = "football club";
`${s} is a ${t}.`; // Kawasaki is a football club.
```

`${ }`が展開される部分です。Pythonのf文字列と同様に変数以外の式を書くことも可能です。

```js
JS
`${1 + 2} is a ${t}.`; // 3 is a football club.
```

ヒアドキュメント

ヒアドキュメントは、とても大雑把に言ってしまえば、複数行書ける文字列定義です。例えば、通常の文字列定義では、

```
"a
b"
```

のような書き方は文法エラーになってしまいます。一方、ヒアドキュメントではこのような複数行での定義が可能です。改行を含む文字列のテンプレートなどを定義する場合によく利用されます。

Pythonのヒアドキュメント

Pythonの場合、ダブルクォートを3つ重ねた3重引用符でヒアドキュメントを記述します。

```python
Python
"""a
b""" # a\nb
```

3重引用符もただの文字列ですので、先ほど紹介した変数展開を利用することもできます。ちなみに、Pythonのメソッドなどのコメントはこの3重引用符で記述されたりします。

JavaScriptのヒアドキュメント

JavaScriptの場合、バッククォートでヒアドキュメントを記述します。

```JS
`a
b`; // a\nb
```

バッククォートで記述されているので、こちらも変数展開を利用することができます。

コレクション

コレクションとは、複数の値を格納するデータ型のことで、**配列（Pythonでは リスト）**や**連想配列（Pythonでは辞書）**が有名です。

コラム　配列とは？

配列（Pythonではリスト）は、複数のデータを順番に格納するタイプのデータです。本来の意味の配列は、実際のメモリー上に一列に並べたデータ列を表現するものでした。

```
arr = [1, 2, 3]
```

と書くと、実際にメモリー上には一直線でその順番でデータが格納されるのが配列です（**図1-2-A**）。

50

図1-2-A●本来の配列では、メモリー上に順番にデータが並ぶ

メモリー上に一列にデータが並んでいるため、配列の最初のアドレス（メモリー上の場所）と格納されているデータのサイズがわかっていれば、各データのアドレスはすぐに計算できます。例えば、**図1-2-B**の配列であれば、1つのデータのサイズが4バイトなので、配列arrのアドレス（すなわち、先頭のarr[0]のアドレス）が0x1000だとしたら、arr[1]のアドレスは0x1000 + 1 × 4 = 0x1004、arr[2]のアドレスは0x1000 + 2 × 4 = 0x1008のように計算できます。

図1-2-B●配列では各データのアドレスを簡単に計算できる

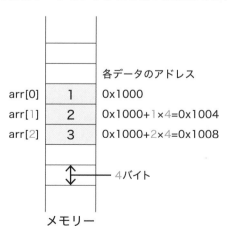

このため、**配列は各データへのランダムアクセスに強い**データ構造として広く利用されてきました（**コラム「ランダムアクセス」も参照**）。

ただし、これには少し不便なこともありました。それは、各データのサイズをそろえる必要がある点です。基本的に型によって必要なメモリーサイズは異なりますから、配列に格納できるデータの型をそろえる必要があります。よって、1つの配列に異なる型のデータを混在させることができません。

また、データを一列に並べる必要性があるので、配列を作る時点でメモリーを確保する必要があります。これは、データを新規に追加できないということです。追加しようとしたときに、そのデータを一列に並べるだけのメモリーを確保できるのかどうかわからないからです。

C言語などはこのような配列を利用します。ただ、これはプログラミングを行う上で、結構面倒な部分になってしまいます。そこで、PythonやJavaScriptでは、配列のランダムアクセス性を残しつつ、少し速度などを犠牲にして、上記の問題を解決した配列（Pythonはリスト）機能を提供しています。つまり、配列に様々な型を混在でき、後からデータの追加や削除が可能になっています。

ちなみに、Pythonのリストはいわゆる「リスト構造」とは関係ありません（**コラム「Pythonのリストはリスト構造ではない」も参照**）。

コラム **ランダムアクセス**

ランダムアクセスは、任意の順番でデータを読み込む方式です。一方、任意の順番にアクセスできないものの一つに、シーケンシャルアクセスがあります。

シーケンシャルアクセスは、先頭から順番にアクセスする方法です。昔あった音楽用カセットテープの読み込みを想像してもらうとわかりやすいかと思います。あるいは、YouTubeなどの動画に挿入されるCMなども、途中から再生できないシーケンシャルアクセスになっていますね。

例えば、シーケンシャルアクセスしかできないファイルに対して、「100番目の文字を読み込み、次に150番目の文字を読み込む」という処理の実行を考えてみます。いきなり100番目の文字列にアクセスしている、つまり先頭から読み込もうとしていないので、これはランダムアクセスになります。ただ、このファイルはシーケンシャルアクセスしかできないので、100番目の文字を読みに行くには無駄であっても100番目までの99個の文字を読み込む必要があります。そして次に150番目までを読むために、無駄であっても49個の文字を読む必要があります。YouTubeで挿入されるCMの30秒目を見ようとしたら30秒待つ必要があるのとちょうど同じです。

このように、シーケンシャルアクセスしかできないデータにランダムアクセスすると、とても処理が重くなります。

これに対して、配列は「n番目のデータのアドレス」をすぐに計算できるので、100番目を読み込むために99個にアクセスする、という無駄がありません。これが、配列がランダムアクセスに強いと言われるゆえんです。

コラム　Pythonのリストはリスト構造ではない

Pythonにはリストという配列の機能があります。非常にややこしいのですが、配列に似たデータ構造に「リスト構造」があります。リスト構造でも配列同様にデータを順番に並べて管理するのですが、管理方法が異なり、基本的にリスト構造はシーケンシャルアクセスしかできません（配列はランダムアクセスが可能です）。

Pythonのリストはこのリスト構造ではありません。Pythonのリストは普通の配列で実装されています。もしかしたらPython開発の初期においてはリスト構造だったのかもしれませんが、少なくとも確認できるPythonバージョン2系からはリスト構造ではないようです。

では、なぜ配列と呼ばずにリストなんて特殊な名前を付けているのでしょうか？

筆者の私見になりますが、「C言語のようなメモリーを強く意識した配列とは異なる」という気持ちから付けられたのかなと思います。Pythonの最初のバージョンは1991年に出ており、これは最近人気の言語の中ではかなり古い部類です。例えば、RubyやJavaScript、PHPなどはいずれも1995年の登場です。Python登場当時の最もメジャーな言語と言えば、C言語（あるいはC++）でしょう。

そして、C言語の配列とPythonのリストは大きく異なります。C言語の配列は「配列長を変更できない」というのと「1つの型しか入れられない」という制限を持ちます。そもそも配列というのは、メモリー上に直線的に配置するデータ構造を指すため、ある意味当然な制限でもあります。

これに対して、Pythonのリストは「配列長を自由に変更できる」「様々な型のデータを入れられる」という特徴があり、C言語の配列しか知らない人からすれば、Pythonのリストはかなり異なるデータ構造に見えると思います。

このようなことを考慮して、配列という名前ではなくリストという名前にしたのかなと思われます。

配列（リスト）は非常に基本的なデータ構造なので、多くの操作があります（**表1-2-3**）。

表1-2-3●よく使われる配列（リスト）の操作

	Python	JavaScript
基本操作		
初期化	x = [1, 2, 3] または list((1, 2, 3))	x = [1, 2, 3] または Array(1, 2, 3)
長さ取得	len(x)	x.length
要素が何番目かを取得 （例：2が何番目か）	x.index(2)	x.indexOf(2)
要素の取得系		
基本の取得方法	x[0]	x[0]
最後の要素取得	x[-1]	x[x.length - 1]
最後の要素を取得して削除	x.pop()	x.pop()
最初の要素を取得して削除	x.pop(0)	x.shift()
最大値を取得	max(x)	Math.max(...x)
最小値を取得	min(x)	Math.min(...x)
合計を取得	sum(x)	x.reduce((result, e) => result + e)
要素を連結した文字列を 取得する	"-".join(["a", "b", "c"])	["a", "b", "c"].join("-")
追加系		
最後にvを追加	x.append(v)	x.push(v)
途中にvに挿入 （index=1に要素を挿入）	x.insert(1, v)	x.splice(1, 0, v)
最初にvを挿入	x.insert(0, v)	x.unshift(v)
置き換え	x[1] = v	x[1] = v
別の配列yを連結	x.extend(y)	x.push(...y)
削除系		
要素をすべて削除	x.clear()	x.splice(0, x.length)
vと等しい最初の要素を削除	x.remove(v)	x.splice(x.indexOf(v), 1)
indexを指定して削除	del x[index]	x.splice(index, 1)
新しい配列を生成する系		
配列を連結した新しい 配列を生成	x + y	x.concat(y)
配列のコピー	x.copy() あるいは x[:]	x.slice()
範囲を指定して配列の コピー	x[1:3]	x.slice(1, 3)
条件にあった要素のみの 配列	list(filter(lambda v: v > 2, x))	x.filter(v => v > 2)
変換された新たな配列 （例：要素を2倍する）	list(map(lambda v: v * 2, x)) または [v * 2 for v in x]	x.map(v => v * 2)
チェック系		
vを含むか	v in x	x.includes(v)
vを含まないか	v not in x	!x.includes(v)
すべての要素が条件に あうか（例：2以上かどうか）	all([v >= 2 for v in x])	x.every(v => v > 2)

条件にあう要素があるか （例：2以上かどうか）	`any([v >= 2 for v in x])`	`x.some(v => v > 2)`
2次元配列 arr2 を1次元 に変換する	`sum(arr2, [])`	`arr2.flat()`
ソート系		
デフォルトのソート順で ソート	`x.sort()`	`x.sort()`
デフォルトのソート順で ソートした配列を取得	`sorted(x)`	`x.slice().sort()`

Pythonでは、文字列もリストもシーケンス型（値が順番に並んだ型：文字列は文字が並んだデータとして扱われます）という仲間に分類されているので、文字列と同じような操作が可能です。

基本的な生成方法はPythonでもJavaScriptでも同じで、

Python
```python
x = [1, 2, 3]
```

JS
```js
x = [1, 2, 3];
```

と書きます。もちろん、複数の型を混在させることができるので、

Python
```python
x = [1, "abc"]
```

JS
```js
x = [1, "abc"];
```

のような配列（リスト）も許容されます。

また、基本的なアクセスの方法も同様ですね。どちらも`[]`にindexを指定してアクセスします。ともにindexは0始まりです。

Python
```python
x[1] # 'abc'
```

JS
```js
x[1]; // 'abc'
```

配列（リスト）長を超えたアクセスの場合、Pythonでは例外が発生します。

`Python`
```
x[10] # IndexError: list index out of range
```

JavaScriptでは例外が発生せず`undefined`が返ります。

`JS`
```
x[10]; // undefined
```

配列（リスト）に対する処理

　配列（リスト）には、代表的な処理として**filter**処理、**map**処理、**reduce**処理があります。それぞれの処理は第6章でも解説しますが、ここでも配列（リスト）の処理を理解するために簡単に説明しておきます。

filter処理

　filter処理は、配列（リスト）の各要素に特定の処理を適用して結果が真になる要素だけを取り出し、新しい配列（リスト）を生成する処理です（**図1-2-1**）。

図1-2-1●filter処理の例。「2より大きい」という条件を満たす要素だけで新しい配列（リスト）を作る

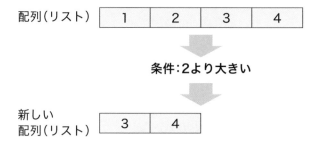

　表1-2-3では、「条件にあった要素のみの配列」の項目がfilter処理です。PythonもJavaScriptも`filter`という、そのままの名前の関数・メソッドを提供しています。
　表1-2-3の「条件にあった要素のみの配列」を少し詳しく見てみましょう。

Pythonの「条件にあった要素のみの配列」

Pythonの、

第1部 第2章

```Python
list(filter(lambda v: v > 2, x))
```

というコードを分解すると、次のような処理の流れになります。

```Python
x = [1, 2, 3, 4]
over_two = lambda v: v > 2
filtered_object = filter(over_two, x) # filter object
new_list = list(filtered_object) # [3, 4]
```

この処理のポイントは2つです。1つ目は2行目の

```Python
over_two = lambda v: v > 2
```

です。これは**無名関数**という機能を使っているところです。無名関数は第7章で詳しく解説しますが、ここでも簡単に解説しておきます。

Pythonの無名関数はlambdaで定義します。lambdaの隣のvが引数で、:より右側が関数本体になります。この例では引数vを受け取って、v > 2の結果（vが2より大きいかどうか）を返す関数になっています。そして、この無名関数そのものを変数over_twoに代入しています。

2つ目のポイントがfilter関数です。filter関数は最初の引数に関数をとり、第2引数でリストなどを受け取ります。このように関数を引数にとる関数のことを**高階関数**と呼びます。高階関数についても第7章で解説します。

filter関数を呼び出すことで、over_two関数をリストの各要素に適応し（over_two関数の引数vに各要素が適用されます）、filterオブジェクトを返します。

filterオブジェクトのままでは基本的には、各要素を取得できないので、最後にこれをリストに変換しています。

JavaScriptの「条件にあった要素のみの配列」

JavaScriptの、

```JS
x.filter(v => v > 2)
```

を分解するとこのようになります。

```JS
x = [1, 2, 3, 4];
overTwo = v => v > 2;
x.filter(overTwo); // [3, 4]
```

　2行目が無名関数を作っている部分です。Pythonの無名関数と文法は異なりますが、まったく同じ関数を生成しています。JavaScriptの無名関数の定義には、大きく2つの方法がありますが、これはアロー関数を使う方法で、`=>`で定義します。`v => v > 2`が無名関数の定義部分です。引数が`v`で、関数の本体が`v > 2`になります。そしてこの無名関数そのものを変数`overTwo`に格納しています。
　そして、これを配列`x`の`filter`メソッドに渡すことで、新たな配列を取得しています。

map処理

　map処理は、配列の各要素に特定の処理を適用して、新たな配列を取得する変換処理のことです（**図1-2-2**）。

図1-2-2●map処理の例。「2倍」という処理を全要素に適用した新しい配列（リスト）を作る

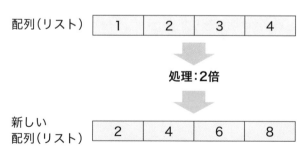

　表1-2-3の中では、「変換された新たな配列」の項目がmap処理です。Python、

JavaScript ともに map という関数・メソッドが提供されています。

　基本的な使い方は先に見た filter 関数・メソッドと同様です。Python と Java Script のどちらも、「2倍にする」という処理を無名関数として定義して、map 関数・メソッドに渡しています。

　なお、Python では次のような**内包表記**という機能を使っても同じ処理（ここでは「2倍にする」）ができます。

```Python
[v * 2 for v in x]
```

　内包表記も詳しくは第6章で解説します。

reduce処理

　reduce 処理は、配列に対して何らかの処理を行うことで、1つの値を取得する集約処理を指します（**図1-2-3**）。例えば、最大値や合計を求めるような処理を指します。

図1-2-3●reduce処理の例。最大値や合計となる値を求める

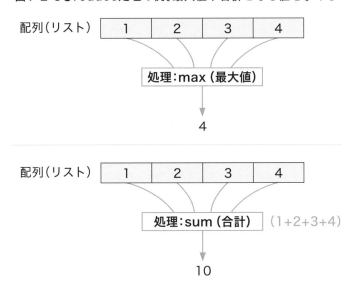

　この reduce 処理には、多くの専用の関数・メソッドが提供されています。最大

値を取得するための`max`関数・メソッドや、最小値を取得するための`min`関数・メソッド、合計を取得するための`sum`関数・メソッドなどがそうです。

ちなみに、表1-2-3にあるJavaScriptの`Math.max`メソッドでは「`...x`」という書き方で配列xを渡していますが、これは**スプレッド**と呼ばれるものです。

reduce処理には多くの専用関数・メソッドがありますが、もちろんすべての処理に専用の関数・メソッドがあるわけではありません。そこで、汎用的な処理に使えるように`reduce`関数・メソッドが提供されています。この関数・メソッドの使い方は第7章で解説します。

要素を連結した文字列を取得する

表1-2-3の「要素を連結した文字列を取得する」の項目を見てください。これは配列（リスト）の要素を文字列として連結していく処理ですが、Pythonでは文字列の`join`メソッドを利用するのに対して、JavaScriptでは配列の`join`メソッドを利用します。どちらもやっている処理は同じです。

Pythonでは、join処理は間に挟む文字列が持つ`join`メソッドで処理しています。

```Python
"-".join(["a", "b", "c"]) # 'a-b-c'
```

`["a", "b", "c"]`というリストに対して、`"-"`を間に挟んだ`'a-b-c'`という文字列を生成しています。

JavaScriptでは配列の`join`メソッドを呼び出します。

```JS
["a", "b", "c"].join("-"); // 'a-b-c'
```

ソート

Python、JavaScriptとも配列（リスト）のメソッドとして、`sort`メソッドがあります。これは呼び出すと自分自身（呼び出した配列やリスト自身）を変更します。このように自分自身を変更するメソッドや関数を**破壊的**と言ったりします。

```Python
x = [2, 1, 3]
x.sort()
x # [1, 2, 3]
```

　Pythonには**非破壊的**な sort 処理も用意されています。`sorted` 関数です。

```Python
x = [2, 1, 3]
y = sorted(x)
y # [1, 2, 3]
x # [2, 1, 3] 元は変更されない
```

　`sort` と `sorted` と名前が似ているのでややこしく感じます。「`x.sort()`」は「x を sort してください」と読めます。一方、`sorted` というのは過去分詞形で、おそらくは受身形と思われますので「`sorted(x)`」は「xをソートしたリストをください」と読むことができます。こう考えると少しすっきりしますね。

　JavaScriptには `sorted` のような非破壊的なメソッドは提供されていません。元の配列を変更したくない場合は、一度配列をコピーしてそれに対して `sort` を呼び出す必要があります。

　この sort 処理も無名関数などを利用して任意のソート順にすることが可能です。ただ、その方法は Python と JavaScript で大きく異なります。

Pythonでソート順を指定する方法

　Pythonのデフォルトのソート順は昇順（最小値が先頭）になります。これを降順（最大値が先頭）にしたい場合、`sort` メソッドの `reverse` パラメータを `True` に設定します。

```Python
x = [2, 1, 3]
x.sort(reverse=True)
x # [3, 2, 1]
```

　もっと自由なソート順を指定したい場合は、`key` パラメータを利用します。例えば、文字列のリストを文字列長でソートしたい場合、このように記述します。

```Python
x = ["ab", "c", "def"]
x.sort(key=len)
x # ['c', 'ab', 'def']
```

　2行目で「`x.sort(key=len)`」としていますが、この`len`というのは文字列長を取得する関数です。`filter`関数や`map`関数では無名関数をこれらの関数の引数に渡していましたが、この`len`も同様の発想です。`len`関数そのものを`key`パラメータに渡しています。この`key`パラメータに関数が指定されると、リストの各要素に対してその指定された関数を適用し、その結果の昇順（`reverse`が`True`なら降順）にリストをソートします。さらに自由にソート順を指定したい場合は、`key`に自作の関数を指定することもできます。

▌operatorモジュールの関数

　`operator`モジュールは、`key`の指定用に便利な関数を提供しています。例えば、「リストのリスト」があったとして、そのリストのリストの2番目の要素（index=1）でソートさせたい場合、次のように書きます（例では、3、2、1の値でソートさせています）。

```Python
from operator import itemgetter
x = [[1, 3], [10, 2], [100, 1]]
x.sort(key=itemgetter(1))
x # [[100, 1], [10, 2], [1, 3]]
```

　ちなみに複数のソート条件を指定することもできます。例えば、2番目の要素でソートし、同順（2番目の要素が同じもの）は1番目の要素でソートする場合、次のように書きます。

```Python
from operator import itemgetter
x = [[1, 2], [10, 2], [100, 1]]
x.sort(key=itemgetter(1, 0))
x # [[100, 1], [1, 2], [10, 2]]
```

　オブジェクトの属性でソートさせたい場合、`attrgetter`を利用します。例え

ば、ageという属性があるとして、ageでソートする場合はこのように書きます。

```Python
from operator import attrgetter
players.sort(key=attrgetter("age"))
```

こちらも複数の属性でソートさせたい場合、先ほどのitemgetterと同様に属性を並べて指定します。

```Python
from operator import attrgetter
players.sort(key=attrgetter("age", "score"))
```

JavaScriptでソート順を指定する方法

JavaScriptのsortメソッドのデフォルトのソート順は辞書順になります。数値であっても文字列の辞書順で評価されます。

```JS
x = [3, 2, 1];
x.sort(); // [1, 2, 3]
```

のような1桁の数値同士ですと、数値の昇順と辞書順が一致しているので同じ結果になりますが、桁数が異なる数値同士になると差が現れます。

```JS
x = [100, 11, 1];
x.sort(); // [1, 100, 11]
```

数値の昇順なら[1, 11, 100]となりますが、辞書順では11よりも100のほうが小さいと判断されます。1文字目が同じ値なので、2文字目でソートされて1よりも0が優先されるためです。

sortメソッドで数値順で評価させたい場合、sortメソッドに関数を指定する必要があります。

```JS
x = [100, 11, 1];
x.sort((a, b) => a - b); // [1, 11, 100]
```

ここでは、

```JS
(a, b) => a - b
```

という無名関数をsortメソッドに渡しています。これは配列の比較する要素2つを受け取って、どちらを優先するかを決定する関数になります。この関数が負の値の場合、aが先に来るようになります。0より大きな値を返す場合は、bが先に来るようになります。そして、この関数が0を返す場合は、aとbは同順だと解釈されます。上記の例はそれを利用して、aとbの差をとることで昇順になるようにしています。

降順にしたい場合はこの逆をやればいいことになります。

```JS
x = [100, 11, 1];
x.sort((a, b) => b - a); // [ 100, 11, 1 ]
```

オブジェクト・辞書

オブジェクト・辞書というのは、ほかの言語ではハッシュや連想配列などと呼ばれる機能です。非常に大雑把に言ってしまえば、配列のindexに文字列などを指定できるようにしたデータ構造です。

```JS
x = {};
x["a"] = 1;
x; // { a: 1 }
x["a"]; // 1
```

となるような機能です。この場合のaをkeyと呼び、1をvalueと呼びます。つまりはオブジェクト・辞書というのはkey-valueのペアでデータを管理できるようにしたものです。

JavaScriptはこのオブジェクト型が非常に重要なデータ構造で、primitive型以外のすべてがこのオブジェクト型で構成されています。辞書という呼び方はPython独特のものになります。

よく使われるオブジェクト・辞書の操作を**表1-2-4**に示します。PythonとJavaScriptでよく似ていますね。

表1-2-4●よく使われるオブジェクト・辞書の操作

	Python	JavaScript
初期化	x = {"a": 1, "b": 2} または x = dict(a=1, b=2)	x = {a: 1, b: 2}
データ取得	x["a"]	x.a または x["a"]
データ設定	x["a"] = 1	x.a = 1 または x["a"] = 1
key一覧の取得	list(x)	Object.keys(x)
登録したkeyの数	len(x)	Object.keys(x).length
key削除	del x["a"]	delete x.a
keyとして kを持つかどうか	k in x	k in x

ちなみに、存在しないkeyにアクセスした場合、Pythonは例外になり、JavaScriptはundefinedが返ります。

Python
```python
x["z"] # KeyError: 'z'
```

JS
```js
x["z"]; // undefined
x.z; // undefined
```

配列（リスト）のときも同様でしたが、**この辺りに言語の性格がよく出ています**。Pythonは想定されないアクセスがあったときに例外を出す、JavaScriptはとりあえず何らかの値を返しておく傾向があります。

安全性を意識するならば例外を出す方が安全です。例外が起きるとそこで処理が止まり、すぐに異常な状態に気が付きます。一方で、例外が出てしまうのはそれはそれで面倒なものです。

例外が出ずに何らかのデータを返す場合は、すぐにはエラーに気が付かないの

で、想定しないアクセスへの対応を忘れることが多い気がします。このように書くと、例外通知してくれる方が良いように聞こえますが、前述の通り、例外が出るのは面倒なことでもあります。どちらが絶対的に良いかは一概には言えません。

JavaScriptのオブジェクトはより基礎的なデータ型で、x.aという形式でアクセスでき、この形式で設定も可能です。

```js
x = {};
x.a = 1;
x; // {a: 1}
x.a; // 1
```

さらにオブジェクトの生成に関して、JavaScriptでは便利な記法が提供されています。

```js
a = 1;
b = 2;
x = { a, b };
```

このオブジェクト x は以下の定義と同じです。

```js
x = { a: a, b: b };
```

Pythonにはこんな便利な機能はありません。ちなみに、Pythonで {a} と書くと、次に説明する集合オブジェクトだと解釈されてしまいます。

集合

集合（Set）は、配列に似た機能ですが、重複した値を許可しないデータ構造です。重複がないデータが欲しい場合に利用します。

```js
x = new Set([1, 2, 3]);
x.add(10); // Set(4) { 1, 2, 3, 10 }
x.add(1); // Set(4) { 1, 2, 3, 10 } 既にあるので足されない
```

```Python
x = {1, 2, 3}
x.add(10)
len(x) # 4
x # {1, 2, 3, 10}
x.add(10)
len(x) # 4
x # {1, 2, 3, 10} # 変わらず
```

　PythonとJavaScriptの集合のデータはそれぞれ`for`文などに渡して各要素を扱うようにします。

タプル

　タプルは、簡単に言えば変更できない配列です。先ほど、もともとの配列は長さを後から変えられない不便さがある、と述べましたが、逆にそれをもっと推し進めて、要素数を変えられないどころか、後からの要素の書き換えも許さないようにしたデータ構造です。つまり、要素の追加や削除、要素の書き換え（このような操作を**破壊的操作**と言います）ができません。

　配列の要素数が確定しない場合、こういう制限は当然厳しいのですが、逆に言うと、要素がすでに確定しているデータ（例えば、曜日のデータなど）に関しては、絶対に中身が変更されないデータ構造というのは便利なのです。

　タプル専用の機能はPythonにしかありません。`()`あるいは`tuple`関数でタプルを生成します。変更できない以外は、基本的にはリストと同じように利用できます。

```Python
x = ("グー", "チョキ", "パー") # あるいは tuple(["グー", "チョキ", "パー"])
x[0] # グー
```

　JavaScriptにはタプルはありません。ただ`Object.freeze`を使って破壊的操作を禁止した配列を作成することはできます。

```js
freezedArray = Object.freeze(["グー", "チョキ", "パー"]);
freezedArray.push("グーグー"); // Uncaught TypeError: Cannot add
property 3, object is not extensible
```

`["グー", "チョキ", "パー"]`という普通の配列を`Object.freeze`に渡すことで、この配列への破壊的操作をできないようにしています。こうすることで、2行目で破壊的操作を行おうとすると、例外が発生するようになります。

ただし、通常の配列と挙動が異なるため、利用には注意が必要です。普通の配列だと思って操作しようとすると例外が出て混乱するかもしれません。変数名などでこれは変更を不可にしているのだということを明示化した方が良いでしょう。

また、`Object.freeze`は、配列だけではなくオブジェクトにも適用できます。

ちなみに、破壊的操作ができるデータのことを、専門的には**ミュータブル**と呼び、できないデータを**イミュータブル**と呼びます。

範囲オブジェクト

範囲オブジェクト（`range`）は、0から3までといった範囲を表現するデータです。例えば、ある値が0から100の間にあるのかというチェックに使ったり、何日から何日までの間かなどを表現するデータになります。これもPythonにしかありません。JavaScriptのWeb APIに`Range`というクラスがあるのですが、こちらはHTML上のDOMの選択範囲を表現するもので、ここでいう範囲オブジェクトとは異なります。

範囲オブジェクトは`range`関数で作成します。

```python
r = range(0, 10)
5 in r # True
0 in r # True
10 in r # False
list(r) # [0, 1, 2, 3, 4, 5, 6, 7, 8, 9]
```

`range`関数の最初の引数は範囲のスタート（start）で、2番目の引数は範囲の終端（end）を表します。**終端は範囲には含まれないので**`10 in r`が`False`になります。範囲オブジェクトを`list`関数に渡すとリストを取得することができます。

ちなみに、`range`関数は第3引数でステップ（step）の指定が可能です。start
からstepごとの値の範囲を表現できます。

```python
r = range(0, 10, 2) # step=2を指定
list(r) # [0, 2, 4, 6, 8]
5 in r # False
```

　stepには負の値も指定できます。

```python
r = range(0, -10, -2) # step=-2を指定
list(r) # [0, -2, -4, -6, -8]
```

この章のまとめ

　数値や論理値、文字列のような基礎的な値は、PythonとJavaScriptで多
少の違いはあれ、そこまで大きく異なりません。大きく異なるのは「何もな
い」を表現する値です。Pythonは`None`がそれに該当し、それしか存在し
ません。一方、JavaScriptには`null`と`undefined`という2つの「何もな
い」を表現する値が存在します。これは珍しい言語仕様だと思います。

　コレクションの場合、機能名が違います。配列はJavaScriptではそのま
ま配列ですが、Pythonではリストと呼びます。連想配列はJavaScriptでは
オブジェクトですが、Pythonでは辞書と呼びます。操作方法はPythonと
JavaScriptで異なりますが、似たようなことを実現できます。

　Pythonには、変更不可（イミュータブル）なタプルというデータ構造が
あります。JavaScriptで変更不可にするには`Object.freeze`を使います。

　範囲オブジェクトもPythonにしかありません。

第3章 | 演算子

基本的な演算子

PythonとJavaScriptの基本的な演算子はよく似ています。まずは、**算術演算子**を**表1-3-1**に示します。

表1-3-1●算術演算子

	Python	JavaScript
加算	+	+
減算	-	-
乗算	*	*
除算	/	/
剰余算	%	%
べき乗算	**	**

加算

加算は足し算を行う演算子です。最も基本的な演算子ですが、実は色々と細かい点で注意が必要です。特にJavaScriptの加算は不思議な挙動に感じてしまうかもしれません。

まず、数値同士の加算にはあまり不思議はありません。

Python
```
1 + 2 # 3
```

JS
```
1 + 2; // 3
```

Pythonで整数（`int`型）と実数（`float`型）の加算の結果は、実数になります。

JavaScriptでは、整数と実数という区別がなく、数値はすべて`number`型ですから、`number`型同士の加算は当然`number`型になります。

```Python
1 + 2.0 # 3.0
```

```JS
1 + 2.0; // 3
```

加算がややこしいのは数値同士以外の場合です。

Pythonの加算

Pythonでは、「数値 + 文字列」のような、数値同士ではない加算を行うと例外が発生します（Pythonの真偽値は数値型の一種なので、数値型と真偽値を加算することは可能です）。

```Python
1 + "a" # TypeError: unsupported operand type(s) for +: 'int'
and 'str'
```

加算ができるのは、数値同士以外だと、文字列同士、リスト同士、そしてタプル同士です。

```Python
"a" + "b" # ab
[1] + [2] # [1, 2]
(1, 2) + (3, 4) # (1, 2, 3, 4)
```

JavaScriptの加算

一方、JavaScriptは異なる型同士の加算を許可しています。ただし、少し不思議な挙動になります。数値と数値ではない型の加算は次のような挙動になります。

```JS
1 + "a"; // 1a
1 + null; // 1（数値）
1 + undefined; // NaN
1 + true; // 2
1 + false; // 1
1 + [2]; // 12（文字列）
```

```js
1 + {}; // 1[object Object]
```

これに対して、文字列同士の加算と、文字列と文字列ではない型の加算は次のようになります。

```js
"a" + "b"; // ab
"a" + null; // anull
"a" + undefined; // aundefined
"a" + true; // atrue
"a" + false; // afalse
"a" + [1]; // a1
"a" + {}; // a[object Object]
```

数値と数値ではない型の加算と、文字列と文字列ではない型の加算では挙動が変わりますね。なぜこうなるのかというと、JavaScriptの加算には、

1. 加算されるデータを数値評価できるなら、数値として加算
2. 上記以外なら、両データを文字列として加算

というルールがあるからです。

`null`、`undefined`、真偽値は数値評価が可能なので、`null`は0、`undefined`はNaN、`true`は1、`false`は0として評価され、加算が実行されます。なので`1 + null`は1が返りますし、

```js
null + false; // 0
```

となります。

これ以外は文字列として加算されます。`null`は「`null`」という文字列、`undefined`は「`undefined`」という文字列になります。配列は各要素を並べた文字列になり、オブジェクトは「`[object Object]`」になります。このような文字列に変換された後に加算が実行されます。なので、

```js
[1, 2] + null; // 1,2null
```

は、[1, 2]は「1,2」という文字列に変換され、nullはnullという文字列に変換されて連結されるので、結果が「1,2null」になります。

> ### コラム　JavaScriptの個性
>
> 　JavaScript以外に、ここまで異なる型の加算を許しているプログラミング言語はあまりないと思います。なぜこういう挙動が定義されたのかはわかりませんが、おそらくJavaScriptが**Webブラウザ上で動くということを強く意識されたプログラミング言語**だからではないかと思います。
>
> 　Webブラウザ上でのユーザーの入力は、基本的に文字列になります。HTML5からはinputタグで数値のみの入力を指定できるようになりましたが、それ以前は数値のみの入力はできませんでした。このため、文字列を扱うことが非常に多くなるので、加算も文字列として扱うようにしているのかもしれません。
>
> 　また、JavaScriptはPythonに比べてあまり例外を出さず、何らかの処理を行う傾向があります。これも、JavaScriptは、当初はWebブラウザに"ちょっとした機能"を追加するために導入されたプログラミング言語なので、例外を出してそこで処理を止めるよりは、"とりあえず"動かしてしまおうという思想があるように感じます。このため、異なる型同士の加算も"とりあえず"文字列として加算してしまおうとしているのかもしれません。**こういう部分にも言語の性格が現れるのは面白いな**と思います。

減算

　加算に比べて減算はずっとシンプルです。Pythonの場合、減算は数値と集合で利用できます。異なる型同士の減算はできません。

```Python
2 - 1 # 1
{1, 2} - {2, 3} # {1}
```

　集合の減算は、1つ目の集合から2つ目の集合の要素を除去した新しい集合を作ってくれます。集合の加算は禁止しているのに、減算を許可しているのが興味深い点です。

　JavaScriptの減算は、加算のように文字列に変換するのではなく、数値同士の減算であると評価できない場合は、NaNを返します。

```js
JS
2 - 1; // 1
1 - null; // 1
[1, 2] - [2]; // NaN
"abc" - "ab"; // NaN
```

乗算

Pythonの乗算

数値に対しては通常の掛け算となりますが、文字列、リスト、タプルに対しては要素を繰り返した新しい値を返す演算子になります、

```python
Python
2 * 3 # 6
"abc" * 2 # abcabc
[1, 2] * 2 # [1, 2, 1, 2]
(1, 2) * 2 # (1, 2, 1, 2)
[1, 2] * 0 # []
(1, 2) * 0 # ()
```

リスト、タプルでは、同じ要素をコピーした新しいリスト、タプルが返ってきますが、これは単純にコピーされたデータであることに注意してください。

```python
Python
x = [3, 1, 2]
y = [x] * 2 # [[3, 1, 2], [3, 1, 2]]
x.sort() # [1, 2, 3]に並べ換える
y # [[1, 2, 3], [1, 2, 3]]
```

上記では、変数xのリストを2倍して、[x, x]つまり[[3, 1, 2], [3, 1, 2]]（変数y）を作っていますが、このxの中身を変更すると、yの全部の要素が変更されます。

JavaScriptの乗算

JavaScriptの乗算はこれまた不思議な挙動になります。数値に関しては通常の掛け算ですが、文字列に対しては数値に変換できるなら数値に変換して掛け算が行われます。

```JS
3.5 * 2; // 7
"3.5" * "2"; // 7
3.5 * true; // 3.5
3.5 * ""; // 0
[3.5] * 2; // 7
```

　ちょっとビックリな挙動ですね。ちなみに最後の配列を使った乗算は、[3.5]が文字列の3.5になって"3.5" * 2という計算になっているようです。

　ただし、数値に変換するというのも制限があって、以下のようなものはNaNと評価されます。

```JS
[3.5, 2] * 2; // NaN。配列が"3.5,2"という文字列になるので、NaNになる
3.5 * "true"; // NaN。文字列の"true"が1と評価されることはない
```

除算

Pythonの除算

　Pythonの除算では、返り値はfloat型です。整数同士の除算でもfloat型になります。他の言語によっては、整数同士の除算が整数の商のみを返すことがありますので、Pythonの除算は地味に便利です。

　0で割った場合は、例外が投げられます。

```Python
4 / 2 # 2.0
3 / 1.5 # 2.0
3 / 2 # 1.5
3 / 0 # ZeroDivisionError: division by zero
```

　また、商のみを求める場合は//を利用します。

```Python
5 // 2 # 2
4 // 2 # 2
3 // 0 # ZeroDivisionError: integer division or modulo by zero
```

JavaScriptの除算

JavaScriptでは整数も実数も `number` 型なので、除算の結果は `number` 型になります。

0で割った場合はエラーにならず、`Infinity` という値が返ってきます。

```JS
4 / 2; // 2
3 / 2; // 1.5
3 / 0; // Infinity
3 / (-0); // -Infinity
```

JavaScriptには、整数の商のみを求める演算子はありません。商のみが欲しい場合は、除算の後に小数点を切り捨てる処理を行います。切り捨て処理は `Math.floor` を利用します。

```JS
Math.floor(5 / 2); // 2
Math.floor(4 / 2); // 2
Math.floor(3 / 2); // 2
Math.floor(4 / 0); // Infinity
```

剰余算

剰余算は余りを求める演算子です。Pythonは基本的に、除算と同様の挙動になりますが、JavaScriptは0で割った場合に `NaN` を返すようになります。

```Python
3 % 2 # 1
3 % 0 # ZeroDivisionError: integer division or modulo by zero
```

```JS
3 % 2; // 1
3 % 0; // NaN
```

べき乗算

べき乗算とは、2乗や3乗などの計算のことです。

```Python
2 ** 3 # 8(2の3乗)
2 ** 0 # 1(2の0乗)
2 ** -1 # 0.5(2の−1乗、1/2で0.5)
2 ** 0.5 # 1.4142135623730951 (2の0.5乗、2のルート)
```

```JS
2 ** 3; // 8
2 ** 0; // 1
2 ** -1; // 0.5
2 ** 0.5; // 1.4142135623730951
```

比較演算子

　等価以外の**比較演算子**は基本的にPythonとJavaScriptでさほど違いはありません（**表1-3-2**）。

表1-3-2●比較演算子

	Python	JavaScript
より大きい	>	>
以上	>=	>=
未満	<	<
以下	<=	<=

```Python
1 > 2 # False
```

```JS
1 > 2; // false
```

「等しい」とは何か

等価演算子

　等価演算子は、言語によってかなり挙動が異なります。これは「等しい」ということをどう捉えるのかの違いになります。また、Python、JavaScriptともに等

価のための演算子を2種類提供しています。

Pythonの等価演算子

Pythonの等価演算子==は値の中身を見て等しいかどうかを判定してくれます。

```Python
1 == 1 # True
"abc" == "abc" # True
[1, 2] == [1, 2] # True
{"a": 1, "b": 2} == {"b": 2, "a": 2} # True
```

等価演算子の否定は!=です。

```Python
1 != 1 # False
```

より厳密な比較を行いたい場合はisを使います。isは**オブジェクトのidをチェック**して、本当に同じものかどうかを調べます。

```Python
x = [1, 2]
y = x
x is y # True
```

yはxが参照するリストとまったく同じものを参照するので、x is yはTrueになります。

ところが、中身がまったく同じリストであっても、新たに生成されたリストzはxとは無関係なのでx is zはFalseになります。ただし、中身をチェックする==はTrueになります。

```Python
z = [1, 2]
x is z # False
x == z # True
```

試しに各データのidを調べてみると、

```Python
id(x) # 4314547776
id(y) # 4314547776
id(z) # 4314548608
```

のようになっています。それぞれの値は各リストが一意に持つidです。これは実行するたびに変わる値なので、値そのものには特に意味はありません。確かに、xとyのidは同じで、zのidが異なっていますね。

このように、状況によって`==`と`is`を使い分けてください。ちなみに`is`の否定は`is not`です。

```Python
x is not z # True
x is not y # False
```

まるで英文を書いているようですね。

JavaScriptの等価演算子

JavaScriptの等価演算子は、Pythonのように中身をチェックするわけではありません。

```JS
1 == 1; // true
"abc" == "abc"; // true
[1, 2] == [1, 2]; // false
{a:1} == {a:1}; // false
```

JavaScriptはprimitive型に関しては、値そのものが等しいかを比較し、オブジェクト型に関しては本当に同じオブジェクトを指しているのかをチェックします。つまり、先ほどのPythonの`is`に近い判定が行われます。

ですが、`==`は異なる型同士の比較の場合、型変換が試みられます。

```JS
1 == "1"; // true
1 == [1]; // true
1 == ["1"]; // true
```

```
1 == true; // true
"1" == [1]; // true
```

　ちょっとびっくりするような判定ですね。これらはすべて型変換が実行され、数値の1、あるいは文字列の "1" にされて比較されているので true になります。加算などで行われた処理がここでも実行されていることになります。この型変換は柔軟な一方、思わぬバグも生んでしまいます。

```JS
if (x == 1) {
  y = 1 + x;
}
```

のようなコードで、条件が真の場合 y が常に2になると思いきや、x が文字列の "1" だった場合、y は "11" という文字列になってしまいます。コードからはなかなか想像が難しいですね。

　なので、型変換を行わない厳密等価演算子 === という比較機能が提供されています。特に理由がない限り、**基本的には厳密等価演算子で比較する方が安全**でしょう。

```JS
1 === 1; // true
1 === "1"; // false
1 === [1]; // false
1 === true; // false
```

　ところで、先ほど書いたように、JavaScript の配列などの等価比較は中身をチェックしてくれません。つまり、内容が同じ配列同士の比較でも、本当に同じ配列でない限り、等しくないと判定されます。

　ですが、これはやっぱり不便なので中身をチェックする色々な方法が提案されています。その中で最も手軽なのが **JSON形式に変換して比較**する方法です。JSON.stringify 関数を利用して、JSON形式、つまりはデータを文字列に変換して文字列同士で比較します。

```JS
x = [1, 2];
y = [1, 2];
x === y; // false
JSON.stringify(x); // 文字列の[1,2]
JSON.stringify(x) === JSON.stringify(y); // true
a = { s: 1 };
b = { s: 1 };
a === b; // false
JSON.stringify(a); // 文字列の{"s":1}
JSON.stringify(a) === JSON.stringify(b); // true
```

　ただ、これもやや注意が必要です。JavaScriptのオブジェクトは、属性が追加
された順序が保存されるため、同じ属性、同じ値であっても、`JSON.stringify`
関数の結果が異なる場合があります。

```JS
x = {};
x.a = 1;
x.b = 2;
x; // { a: 1, b: 2 }
y = {};
y.b = 2;
y.a = 1;
y; // { b: 2, a: 1 }
JSON.stringify(x); // {"a":1,"b":2}
JSON.stringify(y); // {"b":2,"a":1}
JSON.stringify(a) === JSON.stringify(b); // false

x = { a: 1, b: 2 };
y = { b: 2, a: 1 };
JSON.stringify(x); // {"a":1,"b":2}
JSON.stringify(y); // {"b":2,"a":1}
JSON.stringify(a) === JSON.stringify(b); // false
```

　オブジェクトのキー順が完全に同じであることがわかっている場合は、`JSON.st
ringify`関数でも問題ありませんが、そうでない場合は気を付けましょう。
　完全に正確な判定をしようと思うと、現状では自分で判定ロジックを書く必要が
出てきてしまいます。
　また、JavaScriptの等価演算子の否定は`!=`、あるいは`!==`を使います。

81

```
1 != 2; // true
1 !== 2; // true
```

演算子の連結

Pythonの比較演算子は連結して使うことができます。つまり、普通の数学のようなa < x < bという記述が可能です。これはa < x and x < bと同じ意味になります（JavaScriptではこのような書き方はできません）。

```Python
x = 5
1 < x < 10 # True
6 < x < 10 # False
1 < x < 4  # False
```

等価演算子でも利用できます。

```Python
x == y == z
```

これはx、y、zのすべてが等しくないとFalseになります。

比較演算子の連結は任意個の連結が可能です。ただ、やりすぎると可読性が悪くなってしまうので注意が必要です。

論理演算子

論理演算子は、複数の条件をつなぐ演算子です（**表1-3-3**）。

表1-3-3●論理演算子

	Python	JavaScript
AND	and	&&
OR	or	||
NOT	not	!

ANDは日本語では「かつ」の演算になります。2つの条件がともに真の場合の

み真になります。

```Python
x = 1
y = 2
x == 1 and y == 2 # True
x == 0 and y == 2 # False
```

```JS
x = 1;
y = 2;
x === 1 && y === 2; // true
x === 0 && y === 2; // false
```

　ここで重要なのは、**最初の条件が偽の場合、2つ目の条件は評価されないこと**です。

```Python
x = 1
x == 0 and 何かエラーの出る処理
```

```JS
x = 1;
x === 0 && 何かエラーの出る処理;
```

というようなコードがあっても、最初のxと0の比較で偽になるので、後ろの「何かエラーの出る処理」は実行されず、これは偽を返します。

　ORは日本語では「または」の演算です。2つの条件のどちらかが真の場合に真を返します。また、最初の条件が真の場合、2つ目の条件は評価されません。

```Python
x = 1
y = 2
x == 1 or y == 0 # True。y == 0は偽だが、x == 1が真なのでTrueになる
```

```JS
x = 1;
y = 2;
x === 1 || y === 0; // true。y === 0は偽だが、x === 1が真なのでtrueに⏎
なる
```

NOTは否定の演算子になります。真偽を反転させる処理です。NOTは条件の先頭に記述して、条件の結果を反転させます。

```Python
x = 1
not x == 1 # False。x == 1が真なので、それを反転させてFalse。x != 1と同
じ意味
not x == 0 # True
```

```JS
x = 1;
!(x === 1); // false。x === 1が真なので、それを反転させてfalse。x !== 1
と同じ意味
!(x === 0); // true
```

　ところで、JavaScriptのコードではわざわざ括弧を付けています。これは括弧を付けないと意味が変わってしまうからです。

```JS
x = 1;
!x === 1; // false
!x === 0; // false
```

　`!(x === 0)`は真になって`!x === 0`は偽になってしまっています。これは演算子の優先順位がポイントになっています。演算子の優先順位というのは、どの演算子から計算を始めるのかという順序を決めたものです。四則演算でも、足し算より掛け算を優先するというルールがありますよね。それを演算子全体で優先順位を決めたものになります。

　JavaScriptの場合、`!`と`===`では`!`の方が優先順位が高く、`!x === 0`と書くと、`!x`が先に評価されます。xは1なので、真偽評価すると`true`で、その反転なので`false`になります。つまり、このコードは

```JS
false === 0;
```

というコードと同じ意味になって、`false`になってしまいます。これを防ぐために括弧を付けて、優先順位を調整しているわけです。

　一方、Pythonの`not`の優先順位は高くありません。そのため、括弧を付けなく

ても先に`x == 0`が評価されているのです。この優先順位をいつも正確に把握する
のは難しいので、**怪しいなと思ったら括弧を付ける**ようにしましょう。

JavaScriptのNull合体演算子

JavaScriptにはNull合体演算子`??`というものがあります。ある変数が`null`や
`undefined`だった場合に、デフォルト値を利用したいときに使います。

```JS
x = 1;
x ?? 10; // 1
x = null;
x ?? 10; // 10
```

これはORの`||`ととても似ています。ORでも最初の値が偽ならば後ろの値を返
してくれます。

```JS
1 || 10; // 1
null || 10; // 10
```

違いは、ORがFalsyをチェックするのに対して、Null合体演算子は`null`と`un
defined`だけをチェックすることです。つまり、`0`や空文字を利用した際に挙動が
変わります。

```JS
x = 0;
x ?? 10; // 0
x || 10; // 10
x = "";
x ?? 10; // ""
x || 10; // 10
```

このように`null`、`undefined`だけをチェックしたい場合に、Null合体演算子
を利用することができます。

3項演算子

3項演算子は条件式とも呼ばれますが、`if`文を1行で書いたような記法です。ちょっとした分岐を書くのに便利です。

JavaScriptの3項演算子

JavaScriptの3項演算子の書き方は、一般的な、つまり多くのプログラミング言語で採用されている書き方になります。

```JS
条件 ? 真の場合の値 : 偽の場合の値
```

という記法になります。

```JS
x = 1;
x === 1 ? 10 : 20; // 10
x === 2 ? 10 : 20; // 20
```

Pythonの3項演算子

Pythonの3項演算子の記法はやや独特です。`if`を後ろに置いた書き方になります。

```Python
真の場合の値 if 条件 else 偽の場合の値
```

という記法です。

```Python
x = 1
10 if x == 1 else 20 # 10
10 if x == 2 else 20 # 20
```

ちなみに、この後置の`if`は重ねることができます。

```Python
10 if x == 2 else 20 if x == 3 else 30 # 30
```

これは括弧でわかりやすくするとこうなります。

```Python
10 if x == 2 else (20 if x == 3 else 30)
```

偽の場合の値が新たに3項演算子になっているわけです。こうすれば、何段もの分岐を1行で書くことができます。が、多段になればなるほど可読性が低くなるので使いすぎには注意してください。

代入演算子

Python、JavaScriptともに以下のような式を簡潔に書くための機能が提供されています。

```
x = x + 1
```

これはこう書けます。

```
x += 1
```

ほかの算術演算子に対しても同様に使えます（*=や/=など）。

分割代入

複数の変数に同時に代入する機能です。

JavaScriptの分割代入

配列やオブジェクトから複数の値を一度に変数に代入できます。

```JS
x = [1, 2];
[a, b] = x; // a=1, b=2 になる
```

代入する変数のところが複数になっています。また、配列と同じ形式で書かれています。

あるいはこのような書き方もできます。

```JS
x = [1, 2, 3, 4];
[a, b, ...c] = x; // a=1, b=2, c=[3,4] になる
```

... (**スプレッド**) で残りの値を代入してくれます。便利ですね！

ちなみに、配列長と変数の数が一致しない場合、配列の要素を順番に代入していき、余った変数には何も代入されず undefined になります。

```JS
x = [1, 2];
[z] = x; // z=1
[a, b, c] = x; // a=1, b=2, c=undefined になる
```

分割代入はオブジェクトでも利用できます。以下のように書きます。

```JS
x = {a: 1, b: 2};
{a, b} = x; // a=1, b=2 になる
```

オブジェクトの場合、変数名とオブジェクトのキー名が一致すると代入されます。キー名と一致しない変数には何も代入されず、undefined になります。また、残りのオブジェクトも設定できます。

```JS
x = {a: 1, b: 2, c: 3, d: 4};
{a, b, ...rest} = x; // a=1, b=2, rest={c: 3, d: 4} になる
```

Python の分割代入

Python ではリストなどに分割代入を使うことができます。

```Python
x = [1, 2]
a, b = x # a=1, b=2 になる
```

JavaScriptよりもすっきりした書き方ができますね。

Pythonの場合、変数の数とリストの長さが一致しないとエラーになります。

```Python
x = [1, 2, 3]
a, b = x # ValueError: too many values to unpack (expected 2)
```

ちなみに、JavaScriptのように残りを取得することもできます。

第1部
第
3
章

```Python
x = [1, 2, 3, 4]
a, b, *c = x # a=1, b=2, c=[3, 4]となる
```

*cと書くと残りがcに代入されます。ちなみにこれを**アンパック**と言います。

Pythonのセイウチ演算子

Python 3.8から追加された代入機能に、**セイウチ演算子**の**:=**があります。これ
は**代入式**と呼ばれるものです。

例えば、リストの長さが2以上だった場合に長さを表示する、というプログラム
を考えましょう。普通に書くとこうなります。

```Python
lst = [1, 2, 3]
len_lst = len(lst)
if len_lst >= 2:
    print(len_lst)
```

これで問題なく動くのですが、チェックするために変数`len_lst`を先に生成し
ているのが、ちょっとすっきりしません。`len_lst`は2未満なら使わない変数で
す。しかし、条件の前に変数を生成すると、この後ずっと使う変数のように見えて
しまいます。

変数だけを気にするのであれば、こうも書けます。

```Python
lst = [1, 2, 3]
if len(lst) >= 2:
    print(len(lst))
```

変数`len_lst`をなくしましたが、今度は`len(lst)`を2回呼ぶことになります。`len`関数は十分に速いので、特に問題にはなりません。しかし、もし重い処理を扱うのであれば、こういう書き方には注意が必要です。

そこで導入されたのがセイウチ演算子です。以下のように条件の中で代入を行うことができます。

```Python
lst = [1, 2, 3]
if (len_lst := len(lst)) >= 2:
    print(len_lst)
```

こうすると、`len(lst)`を2回呼ぶことも、`len_lst`を事前に生成する必要もなくなり、少しすっきり書けます。

セイウチ演算子ではなく、代入にすると文法エラーになります。これは**代入が文**だからです。

文は基本的にはそれ自体では値を返さないので（値が返るものは**式**と言います）、値を返さない文を`>=`の式の中で使うことはできません。

```Python
lst = [1, 2, 3]
if (len_lst = len(lst)) >= 2: # SyntaxError: invalid syntax
    print(len_lst)
```

そこで、代入しつつ値を返す演算子としてセイウチ演算子が導入されたわけです。ちなみに、なぜセイウチなのかというと`:=`がセイウチの目と牙に似ているためです。

インクリメント・デクリメント演算子

近年のプログラミングではあまり使う頻度は高くありませんが、JavaScriptにはインクリメント・デクリメント演算子があります。Pythonにはありません。

```JS
x = 1;
x++; // 1
x; // 2
```

x++と書くと、xの中身を1だけ加算してくれます。これがインクリメント演算子です。ちなみに++xという演算子もあります。どちらも1だけ加算しますが、違いは得られる値です。x++は、加算する前の値を返し、++xは加算した後の値を返します。上のコードでx++が1を返しますが、これが加算前の値です。++xにすると加算した後の2が返ります。

デクリメント演算子は--x、x--です。こちらは1だけ減算する演算子です。

ビットシフト演算子とバイナリービット演算子

Webの開発や、ちょっとしたプログラミングではあまり使いませんが、ビットシフト演算子とバイナリービット演算子というものがあります。Python、JavaScriptでほぼ同一です。

ビットというのは、2進数で表現されたデータのことです。人間は1や12などの10進数で数値を扱っていますが、コンピュータは内部では10進数ではなく2進数で扱います。この2進数を直接扱うのがビット演算子です（**表1-3-4**）。

表1-3-4●ビット演算子

	Python	JavaScript
ビット左シフト	<<	<<
ビット右シフト	>>	>>
ビットのAND	&	&
ビットのOR	|	|
ビットのXOR	^	^

この章のまとめ

　PythonとJavaScriptの演算子はよく似ています。

　算術演算子は、数値に関してはほとんどの演算子がほぼ同じ挙動をとります。一方、数値以外の加算などはかなり違いがあります。Pythonは型が異なるもの同士の算術演算を基本的に許可していませんが、JavaScriptでは型が異なってもなるべく実行しようとします。そのためか、JavaScriptの加算や乗算は少し不思議に見える仕様になっています。

　等価演算子は、かなり違っています。どちらも同じ `==` という記号を使いながら、Pythonはデータの中身を見て等価を判定するのに対して、JavaScriptは「本当に同じデータか」をチェックします（Pythonの `is` に近い判定です）。これはそれぞれの言語が何をもって等しいと考えるのかの違いを表しています。また、JavaScriptの `==` は判定時に型変換を試みてしまうので、厳密に等価を判定する場合は `===` を使います（特別な理由がない限り `===` を使う方がいいでしょう）。

　論理演算子は、記法はPythonとJavaScriptで異なりますが、処理としてはほぼ同じです。Pythonでは、論理演算子を連結させて、`x < y < z` のような記述（数学のような記述）ができるのが便利ですね。

　分割代入の機能はリスト・配列に対してはPythonとJavaScriptのどちらも可能ですが、JavaScriptはオブジェクトに対しても分割代入が可能です。

第4章 変数

　変数はプログラミング言語において、非常に重要な機能なので、様々な機能が提供されています。

ローカル変数とグローバル変数

　その変数の使える範囲（専門的には**スコープ**と言います）が狭いか広いかで、変数の種類が異なります。

　スコープが狭い変数を**ローカル変数**、広い変数を**グローバル変数**と言います。ローカル変数は、例えば関数内部でしか使えないような変数です。これに対して、グローバル変数はプログラム内のどこでも使える変数です[*1]。

　Pythonでは、**関数・メソッド内で代入された変数が自動的にローカル変数**になります。

　JavaScriptでは、**ローカル変数であることを明示化しないとすべての変数がグローバル変数**になります。JavaScriptの方が独特な挙動と言えるので、気を付けないと思わぬバグを作ってしまいます。

　次のPythonのコードを見てください。

`Python`
```
global_x = 1

def sample():
    print(global_x)
    local_x = 2
```

[*1]　より正確には、変数は自分が定義されたスコープの下にあるスコープでアクセスできるようになっています。関数内で宣言された変数はその関数以下のスコープでしか使えません。この場合、その変数をローカル変数と呼びます。一方、プログラムのトップレベル（関数やクラスの外）で定義された変数は、トップレベル以上のスコープがないため、結果的にどこでもアクセス可能になります。この場合、この変数をグローバル変数と呼びます。

```
sample() # 1が出力される
print(local_x) # NameError: name 'local_x' is not defined
```

最初に`global_x = 1`でグローバル変数を作っています。これはどこでもアクセス可能なので、`sample`関数内からでもアクセスできます。実際に`sample`関数を呼び出すと1が表示されます。

そして、`sample`関数内で`local_x`というローカル変数を作っていますが、`sample`関数の外でアクセスしようとしてもエラーになります。ローカル変数なので当然ですね。

一方、同じようなコードをJavaScriptで書くと次のようになります。

```js
globalX = 1;

function sample() {
    console.log(globalX);
    localX = 2;
}

sample(); // 1が出力される
console.log(localX); // 2
```

JavaScriptでは挙動が異なっています。変数`globalX`に関しては同じです。`sample`関数内でアクセスできています。しかし、何と`sample`関数の外で、`sample`関数内で定義した変数`localX`にアクセスできています！これは変数`localX`がローカル変数ではなくグローバル変数になっているということです。

このようにJavaScriptでは関数内での代入でもグローバル変数になります。この挙動は控えめに言って驚きです。このため、JavaScriptにはローカル変数を宣言するための機能が用意されています。つまり、グローバル変数を定義しているのか、ローカル変数を定義しているのかを明確に区別できるようになっています。関数内で突然グローバル変数が作られてしまうのは混乱のもとになってしまうので、極力（いや、絶対に？）ローカル変数の宣言をするようにしてください。

　JavaScriptの関数内でグローバル変数を作成できてしまう挙動はさすがに危険です。このため、JavaScriptにはこの挙動を禁止する機能が導入されています。それが**厳格モード**と呼ばれる機能です。厳格モードを使うには、ファイルの先頭などで`"use strict";`と記述します。すると、そのファイル内が厳格モードで実行されます。

　また、関数だけでも厳格モードにすることができます。関数定義の最初に`"use strict";`を書くとその関数だけが厳格モードになります。厳格モードになると、関数内でグローバル変数を作成できなくなります。

```JS
function sampleStrict(){
    "use strict";
    globalSample = 1;
}

sampleStrict(); // Uncaught ReferenceError: globalSample ⤸
is not defined
```

　`sampleStrict`関数の中で`globalSample`というグローバル変数を定義しようとしていますが、実行時にエラーになります。これで、間違ってグローバル変数を作ってしまうことがなくなりそうです。

　ただし、グローバル変数への再代入は可能なので、その点は注意してください。

```JS
globalSample = 0;
sampleStrict(); // 問題なく実行される
console.log(globalSample); // 1
```

　このほかにも、厳格モードでは不用意な代入（例えば`undefined = 1`のような）もエラーにしてくれます。逆に言うと、厳格モードではない素の状態ではこれがエラーにならないのです。厳格モードは、このような不用意な間違いをちゃんとエラーにしてくれますから、可能な限り厳格モードを使うべきでしょう。

　ただし、既存のコードにいきなり適用するとエラーで動かなくなるかもしれませんので、正しく移行を行う必要があります。以下のURLの情報を参考にしてみてください。

```
https://developer.mozilla.org/ja/docs/Web/JavaScript/Refe⤸
rence/Strict_mode
```

JavaScriptでローカル変数を作る

JavaScriptでローカル変数を作るには、`const`か`let`を使います。`var`を使う古い方法もありますが、現在では積極的に使うことはないと思います。

`const`は再代入ができないローカル変数を作る機能です。

```JS
const x = 1;
x = 2; // Uncaught TypeError: Assignment to constant variable.
```

`let`は再代入可能なローカル変数を作る機能です。

```JS
let x = 1;
x = 2; // エラーは起きない
```

現代的なプログラミングでは、**なるべく変数への再代入を避けるべき**という考え方があります。**その方がコードの可読性が向上する**ためです。ですので、`const`が使えるなら、なるべく`const`を使うようにしましょう。

また、`const`、`let`で作られたローカル変数のスコープは、ブロックのスコープになります。その定義されたブロックを超えた範囲では、変数は有効ではありません。

```JS
function sample() {
    if (true) {
        const y = 1;
        console.log(y); // 1
    }
    console.log(y); // Uncaught ReferenceError: y is not defined
}
```

変数のスコープは、なるべく狭い方が良いので、ブロック内に収まる場合はブロック内で宣言するようにしましょう。

ちなみに、古い機能である`var`は再代入可能な変数を作ります。`let`との違い

は、再宣言可能なことと、スコープがブロック単位ではないことです。

　再宣言というのは、以下のように同じ変数に`var`を2回使うことです。これは特に何のメリットもありませんし、ややこしいだけです。

```JS
var x = 1;
var x = 2; // 再度varで宣言している
```

　また、`var`では、スコープもブロックを超えて利用できます。先ほども書きましたが、スコープはなるべく狭い方が良いので、`var`を使わずに`let`、`const`を使っていきましょう。

```JS
function sample() {
    if (true) {
        var y = 1;
        console.log(y); // 1
    }
    console.log(y); // 1が表示される
}
```

Pythonのローカル変数とグローバル変数

　Pythonのローカル変数は、ブロックスコープを持ちません。一度代入されれば、関数・メソッドのどこであっても利用できます。そして再代入可能です。この意味で、Pythonのローカル変数はJavaScriptの`var`で作った変数と同じです。

グローバル変数との名前の衝突

　Pythonのローカル変数の作成では、JavaScriptの`let`のような特別な宣言は不要です。これはこれで便利なのですが、一つやっかいなのがグローバル変数との名前の衝突です。以下のコードを見てください。

```Python
x = 1

def set_x():
    x = 10


set_x()
print(x)
```

　最後の`print`で、何が表示されると思いますか？ 最初の行でグローバル変数の`x`を定義して、`set_x`関数で`x = 10`としているので`10`が表示されるように感じます。しかし、実は`1`が表示されます。

　`set_x`関数内で`x`に`10`を代入していますが、実はこの`x`はグローバル変数ではなく、ローカル変数なのです。Pythonでは、関数・メソッド内で代入された変数は自動的にローカル変数になると書きましたが、まさにそれなのです。つまり、`set_x`関数内で`x`というローカル変数が作られただけで、グローバル変数の`x`には何の影響もないということになります。

　関数内でグローバル変数に代入したい場合は、`global`宣言を使えば可能です。

```Python
x = 1

def set_x():
    global x
    x = 10


set_x()
print(x)  # 10
```

　`global x`として宣言すると、この関数内の`x`はグローバル変数となります。

nonlocal

　Pythonには`global`とよく似た機能の`nonlocal`というものがあります。`nonlocal`は、ローカル変数ではない、という意味なので、「じゃあ、グローバル変数

じゃないか」と思われるかもしれませんが、これはグローバル変数を表すものでは
ありません。

　nonlocalは関数が入れ子になったときに利用される機能で、外側の関数のロー
カル変数にアクセスするための機能になります。

```Python
x = 0

def outer_fnc():
    x = 1
    def inner_fnc():
        nonlocal x
        x += 1
    inner_fnc()
    print(f"{x} on outer_fnc")


outer_fnc()
print(f"{x} on top level")
```

　少しわかりにくいですが、outer_fnc関数の中にinner_fnc関数が定義されて
います。そして、グローバル変数のxがありますが、outer_fnc関数の中では同
名のローカル変数xを定義しています。

　このような状況で、inner_fnc関数がnonlocal xとすると、inner_fnc関
数のxはグローバル変数ではなく、outer_fnc関数のローカル変数xを指し示す
ようになります。結局、上記のコードは、

```
2 on outer_fnc
0 on top level
```

という出力になります。最初の2がouter_fnc関数のローカル変数xで、最後の
0はグローバル変数xの表示になります。

　ちなみに、nonlocal xを外すと、inner_fnc関数はUnboundLocalError:
local variable 'x' referenced before assignmentというエラーで落ち
ます。先ほども言いましたが、関数内での代入はローカル変数の宣言になるので、
x += 1がinner_fnc関数内でローカル変数を初期化する前に+=しようとしてエ

ラーになっているのです。

定数

　定数は、一般的に**変更できないグローバル変数**のことを指します。変更できない、というのがポイントで、これには2つのレベルがあります。

- **再代入不可**
- **破壊的操作が不可であること**

　再代入不可は、わかりやすいですね。再代入可能だと、いつ値が変更されるかわからないので、当然それは定数ではありません。
　破壊的操作が不可は、ちょっとわかりにくいですね。以下のような状況を考えてみましょう。

```JS
const ARR = [1, 2, 3];
ARR.push(4);
console.log(ARR); // [1, 2, 3, 4]
```

　`const`で再代入不可な変数`ARR`を作っています。ですが、2行目で配列に新しい値を追加できています。こうなると`ARR`の定義のときと異なる値になっています。このようにデータの中身を書き換えることを**破壊的操作**と呼びます。値を変更できるのなら、それは厳密な意味で定数ではありません。厳密な定数であるには、`ARR`に対して破壊的操作を禁止する必要があります。
　ただ…、ややこしいことに破壊的操作が可能な変数であっても、定数と呼ばれることがあります。どのような意味で定数と言っているのか、注意するようにしましょう。

JavaScriptの定数

再代入不可の変数はconstで作ります。そして、破壊的操作が不可なデータは、Object.freezeを利用して作ります。また、**定数は大文字とアンダースコアで命名することが習慣**になっています。

```JS
const ARR = Object.freeze([1, 2, 3]);
ARR = 1; // Uncaught TypeError: Assignment to constant variable.
ARR.push(4); // Uncaught TypeError: Cannot add property 3, obj↴
ect is not extensible
```

Pythonの定数

素のPythonには、再代入禁止の機能がありません。そのため、**定数を作ることができません**。

大文字とアンダースコアで定義された変数を定数と見なす、という習慣がありますから、皆そのような変数に再代入しないように気を付ける、といった程度のことしかできません。

ですが、それではさすがに不便なので、**定数のようなことを実現するための種々のテクニックが存在**します。素のPythonでできるテクニックで最もすっきり実現できるのは、enumを使ったものでしょう。

```Python
from enum import Enum

class MyMath(Enum):
    PI = 3.14


print(MyMath.PI.value) # 3.14
MyMath.PI = 3.141592 # AttributeError: Cannot reassign members.
MyMath.PI.value = 3.141592 # AttributeError: can't set attribute
```

Enumを継承したクラスを定義して（ここではMyMathクラス）、そのクラスフィールドを宣言すると、それを定数のように扱えます。

値にアクセスするには、`MyMath.PI.value`のように`value`を参照する必要があります。そして、`PI`に再代入しようとすると、エラーが起きます。`value`に対して再代入しようとしてもちゃんとエラーが起きるので、定数になっていることがわかります。

ただ、わざわざ`value`にアクセスしなければならないので、ちょっとすっきりしません。

静的型チェックツールを用いる

Python用の「静的型チェックツール」を利用して再代入不可の変数を作ることもできます。

Pythonはそもそも動的に型付けを行う言語ですが、型情報を付与することもできます。付与された型情報は、素のPythonでは無視されますが、静的型チェックツールはこの付与情報を用いて型チェックを行ってくれます。

静的型チェックツールとしては「mypy」などがあります。mypyを用いると、次のようなコードの再代入をエラーとして検出できます。

`Python`
```python
from typing import Final

HTTP_SUCCESS: Final = 200
HTTP_SUCCESS += 1 # 型チェックエラー
```

`Final`という型を付けることで、この型への再代入を禁止しています。mypyのようなツールを使うことが徹底されているのであれば、こういう方法で定数を作ることもできます。しかし、mypyの利用はPythonとしてはあくまでもオプションなので、注意が必要です。

イミュータブルなデータとdataclassデコレータ

一方、イミュータブルなデータを作る方法はいくつかあります。まず、イミュータブルなリストとしてタプルがあります。

`dataclass`デコレータという機能を使うと、**自作のクラスをイミュータブルにできます**。`dataclass`デコレータに関しては、第8章で解説します。

この章のまとめ

　PythonとJavaScriptではローカル変数の作り方が大きく異なります。関数内で単純に変数を利用すると、Pythonではそれがローカル変数として認識されます。これに対してJavaScriptでは、単純に変数を利用すると、ローカル変数とは認識されず、グローバル変数として扱われます。PythonとJavaScriptで真逆ですね。どちらかと言うと、Pythonの方が一般的で、JavaScriptの方が思わぬ罠になりやすい、やや独特な仕様だと思います。JavaScriptでローカル変数を作るには、明示的な宣言が必要です。

　しかし、と言うべきなのか、そのため、と言うべきなのか、JavaScriptでは便利な変数を宣言できるようになっています。その最たるものが`const`です。`const`は再代入不可な変数を作成してくれます。コードの読みやすさという点で、変更されない変数というのは重要です。ぜひ、JavaScriptでは`const`変数を基本として利用してください。また、JavaScriptではブロックスコープの変数も作ってくれます。これも地味に便利なところです。

　定数を作る上でも、当然JavaScriptの`const`は重要な機能になります。一方、Pythonでは再代入不可の変数を作ることができないため、Pythonで定数を作るにはいくつかのテクニックを活用する必要があります。

第5章 | 条件分岐

　条件分岐とは、何かの条件をもとに特定の処理を実行するのかどうかを決める機能のことです。代表的なものはif文です。

JavaScriptの条件分岐

　JavaScriptの条件分岐には、if文とswitch文があります。

if文

　if文は以下のように使います。

```JS
const x = 1;

if (x === 0) {
    console.log("x is zero");
} else {
    console.log("x is not zero"); // こちらが実行される
}
```

　構文は以下のようになります。

```JS
if (条件式) {
  処理
} else if (条件式) {
  処理
} else {
  処理
}
```

　else ifとelseは省略可能です。
　ちなみに、処理の中身が1つの文だけの場合、{}も省略できます。

```JS
const x = 0;

if (x === 0) console.log("x is zero");
```

switch文

switch文は指定した値がどのパターンにマッチするかで処理を分岐させる機能です。以下のように使います。

```JS
const x = "Kawasaki";

switch (x) {
    case "Urawa":
        console.log("Urawa is good.");
        break;
    case "Kawasaki":
        console.log("Kawasaki is No.1."); // これが出力される
        break;
    case "Kashima":
        console.log("Kashima is good.");
        break;
    default:
        console.log("All teams are good.");
}
```

構文は以下になります。

```JS
switch (式) {
    case パターン:
        処理
    default:
        処理
}
```

例にあるように、caseは何個でも書くことができます。defaultはどのcaseにもマッチしなかった場合に実行されます。また、省略することが可能です。

例のコードで各`case`に`break`を記述していますが、このように`break`を書かないと、マッチした`case`以降のすべての処理が実行されます。例えば、先ほどのコードの`break`を消すと、`"Kawasaki"`でマッチした以降の処理、ここでは`"Kashima"`とその後の`default`の処理まで実行されます。

```JS
const x = "Kawasaki";

switch (x) {
    case "Urawa":
        console.log("Urawa is good.");
    case "Kawasaki":
        console.log("Kawasaki is No.1."); // これが出力される
    case "Kashima":
        console.log("Kashima is good."); // これも出力される
    default:
        console.log("All teams are good."); // これも出力される
}
```

　このような挙動を利用して、長い一連の処理を途中から実行させるといったことが可能です（そもそも`switch`はそのような用途で用意されています）。ただし、意図して`break`を書かない場合は、慎重な考慮が必要です。本当に後続の処理が実行されて良いのか、正確に理解する必要があります。今後不意に`case`や処理が追加されたときに、不具合が起きないかも確認する必要があります。

　これは一般的にはとても難しいので、基本的には`switch`文の処理には`break`を書くのが良いでしょう。

　ちなみに、このような`switch`文の挙動はJavaScriptに限ったものではありません。そもそもJavaScriptができる前から、こういう`switch`文が知られていて、JavaScriptはそれに従っています。

　近年はこういう挙動が複雑だと思われたのか、`break`なしでも1つの`case`の処理しか実行しない`switch`文を持つ言語があります。

Pythonの条件分岐

　Pythonは条件分岐の機能として、if文と**パターンマッチ**を提供しています。パ

ターンマッチはPythonバージョン3.10から導入された機能です。

　ちなみに、**Pythonにswitch文はありません**。過去に何度か導入が検討されたようですが、結局は入りませんでした。

if文

　`if`文はJavaScriptと同様の使い方です。

`Python`
```python
x = 1

if x == 0:
    print(x)
else:
    print("x is not zero") # こちらが実行される
```

　構文は以下のようになります。

`Python`
```python
if 条件式:
    処理
elif 条件式:
    処理
else:
    処理
```

　`elif`と`else`は省略可能です。JavaScriptでは`else if`だったのがPythonでは`elif`になっています。この辺りは言語によっていくつかの流儀があったりします。

　また、`elif`と`else`がない場合、1行で書くことも可能です。

`Python`
```python
if x == 0: print(x)
```

if式

　3項演算子でも紹介しましたが、`if`を1行で書いて3項演算子にすることができ

ます。**条件**が真の場合、**真の場合の値**が評価され、偽の場合、**偽の場合の値**が評価されます。

```Python
真の場合の値 if 条件 else 偽の場合の値
```

パターンマッチ

Pythonのパターンマッチは強力な機能です[*1]。パターンマッチは一見すると、JavaScriptの `switch` 文に似ています。ですが、後で紹介するように、強力なマッチ機能を持っていて、ただの `switch` 文とはまったく別物になっています。

このパターンマッチはもともと関数型プログラミング言語などで使われていた機能で、その便利さゆえに最近では色々な言語に取り込まれ始めています。 本書の執筆時点でJavaScriptにはまだないですが、そのうち取り込まれるかもしれませんね。

パターンマッチの機能を紹介するために、例題としてリストの長さによって処理を変えたい場合を考えてみます。通常であれば、以下のような処理を書きます。

```Python
teams = ["Kawasaki", "Urawa"]

if len(teams) == 1:
    winner = teams[0]
    print(f"Winner is {winner}.")
elif len(teams) == 2:
    home_team, away_team = teams
    print(f"{home_team} vs {away_team}")
```

リストの長さが1のときと2のときで分岐して、それぞれの中のデータにアクセスして処理を行っています（リスト長が2の処理では分割代入を利用しています）。特に難しくないですね。

これとまったく同じ処理をパターンマッチで書くとこうなります。

[*1] 「Python パターンマッチ」などで検索すると正規表現の記事が多くヒットしますが、ここで解説しているパターンマッチは、正規表現のパターンマッチとは異なる機能です。

```python
match teams:
    case [winner]:
        print(f"Winner is {winner}.")
    case [home_team, away_team]:
        print(f"{home_team} vs {away_team}")
```

　先ほどのif文と異なり、caseではリスト長をチェックする代わりに、**リストの形でマッチさせるようにしています**。つまり、リスト長が1の場合は[winner]、リスト長が2の場合は[home_team, away_team]という形でマッチさせています。マッチすれば、リストの要素がcaseの後ろに記述した変数（winnerやhome_team, away_team）に代入されます。面白い機能ですよね。

　辞書に対してもマッチさせることができます。

```python
team_scores = { "Kawasaki": 3, "Urawa": 1 }
match team_scores:
    case { "Kawasaki": 1 }:
        print("DRAW.")
    case { "Kawasaki": 3 }:
        print("WIN.") # これが実行される
```

　このようにcaseと同じ内容を持つ辞書をマッチさせることができます。

　あるいは、特定のキーがあるかどうかでマッチさせることもできます。以下のコードを見てください。

```python
match team_scores:
    case { "Kawasaki": kawasaki_score, "Yokohama": yokohama_sc
ore }:
        print(f"Kawasaki's score is {kawasaki_score}. Yokohama
's score is {yokohama_score}")
    case { "Kawasaki": kawasaki_score }:
        print(f"Kawasaki's score is {kawasaki_score}.") # これ
が実行される
```

　最初のパターンでは、"Kawasaki"と"Yokohama"というキーがある辞書がマ

第1部
第5章

ッチします。その下の{ "Kawasaki": kawasaki_score }では、"Kawasaki"というキーを持つ辞書がマッチし、kawasaki_scoreには"Kawasaki"キーの値が格納されます。

if文のelseやswitch文のdefaultのように、何もマッチしなかったときに実行したいパターンは、以下のようにcase _ で書きます。_ という変数にmatchで指定した値が代入されます。

`Python`
```python
match team_scores:
    case { "Kawasaki": 1 }:
        print("DRAW.")
    case { "Kawasaki": 3 }:
        print("WIN.")
    case _:
        print("Oops.")
```

クラスに対してもマッチさせることができます（クラスについては第1部第8章と第2部第1章で詳しく解説します）。例えば、Playerクラス（name属性とscore属性を持つ）とTeamクラス（name属性とpoints属性を持つ）があったとします。すると、こういうパターンを書くことができます。

`Python`
```python
match x:
    case Player(name="小林", score=10): # xがPlayerクラスでname="
小林", score=10の場合にマッチする
        print(x.name)
    case Player(name="小林"): # xがPlayerクラスでname="小林"の場合に
マッチする。scoreは何でもよい
        print(x.name)
    case Player(): # xがPlayerクラスの場合にマッチする。属性は何でもよい
        print(x.name)
    case Team(): # xがTeamクラスの場合にマッチする。属性は何でもよい
        print(x.name)
```

ちなみに、この書き方を利用して、変数が文字列なのかリストなのかで処理を分ける書き方ができます。

```Python
match x:
    case str():
        print("x is a string value.")
    case int():
        print("x is an int value.")
    case list():
        print("x is a list value.")
    case tuple():
        print("x is a tuple value.")
    case dict():
        print("x is a dict value.")
    case set():
        print("x is a set value.")
```

リッチなパターン

ORパターン

|を使うことで、複数のパターンをつなげることができます。

```Python
team_scores = { "Kawasaki": 3, "Urawa": 1 }
match team_scores:
    case { "Kawasaki": 1 } | { "Kawasaki": 3 }: # 先にこちらがマッチする
        print("Kawasaki gets points")
    case { "Urawa": 1 } | { "Urawa": 3 }:
        print("Urawa gets points")
```

ガード条件

caseにifを付けて、このパターンにマッチさせるかどうかをより細かく指定できます。

```Python
team_scores = { "Kawasaki": 3, "Urawa": 1 }
match team_scores:
    case { "Kawasaki": 1 } if len(team_scores) >= 2: # こちらがマッチする
```

```
        print("Kawasaki gets points")
    case { "Urawa": 1 } | { "Urawa": 3 } if len(team_scores) =⌐
= 1:
        print("Urawa gets points")
```

case { "Kawasaki": 1 } if len(team_scores) >= 2:となっています
ね。最初の{ "Kawasaki": 1 }がマッチした後に、if len(team_scores) >=
2が評価され、これが真の場合にこのcase内の処理が実行されます。

この章のまとめ

　条件分岐の基本機能であるif文は、PythonとJavaScriptで書き方に少
しの違いはありますが、基本的には同等の機能を提供しています。ちなみに
else ifの書き方は言語によってそこそこ違いが出るところで、JavaScri
ptはelse if、Pythonはelifです。ほかには、Rubyではelsif、PHP
ではelseifと書きます。この辺りは言語ごとの文法的な事情だったり、言
語設計者のこだわりだったりします。JavaScriptの場合はおそらくJavaの
文法を踏襲したのでしょうし、Pythonの場合は意味が通じる範囲で短く書
けるようにしたのだと思われます。

　PythonにはJavaScriptにあるswitch文はありませんが、強力なパター
ンマッチ機能が導入されています。型情報だけでなく、どういう形式のリス
トにマッチさせたいか、どういう形式の辞書にマッチさせたいかを、かなり
柔軟に書くことができます。ぜひ利用してみてください。

第6章 ループ

ループ（繰り返し処理）は、同じ処理を繰り返すための機能です。ループには、**伝統的な書き方**とそうではない書き方（ここでは「each処理」と呼ぶことにします）の2つがあります。**自由度が高いのは伝統的なループ処理**で、もう一つのeach処理は使い方が限定された機能になります。

伝統的なループ処理

JavaScriptのfor文

JavaScriptの for 文は、伝統的なループの基本となる機能です。

```JS
const x = [10, 20, 30];

for (let i = 0; i < x.length; i++) {
    console.log(x[i]);
}
```

for 文は以下のような構文で、( )中に3つの式を持っています。

```JS
for (最初の式; 2番目の式(条件式); 3番目の式) {
    繰り返す処理
}
```

最初の let i = 0 は最初の1回しか評価されません。

2番目の i < x.length と3番目の i++ はループごとに評価されます。2番目の式がループを継続するかどうかの条件式になります。3番目の式はループの終わりごとに評価されます（**図1-6-1**）。

図1-6-1●伝統的なループのfor文

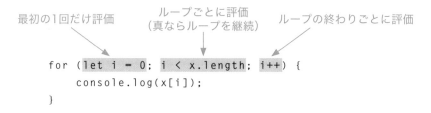

最初の1回だけ評価　ループごとに評価（真ならループを継続）　ループの終わりごとに評価

```
for (let i = 0; i < x.length; i++) {
    console.log(x[i]);
}
```

　そのため、最初のループでは i が 0 になって、2番目の式は true になり、ループの中の処理が実行されます。そして、中の処理が終わると3番目の式が評価され、i が 1 だけインクリメントされて 1 になります。その後、再び2番目の式が評価されて…というようにループが続いていき、i が配列長と等しくなると、そこでループが終了します。

　この for 文は、各3つの式に自由な式を書けるので、例えば1つ飛ばしのループや、配列の半分までしかループを回さないなど、自由なループを記述できます。

　ちなみに、Python にこのような自由な for 文はありません（Python にも for 文自体はありますが、このような伝統的な for 文ではありません。Python の for 文は後ほど解説します）。

while文

　while 文も自由なループを実現できる機能です。while 文は Python にも JavaScript にも存在します。

```JS
const x = [10, 20, 30];
let i = 0;

while (i < x.length) {
    console.log(x[i]);
    i++;
}
```

　while 文は for 文の2番目の条件式しかないような構文です。

```
while (条件式) {
    繰り返す処理
}
```

　while文では自由に記述できる分、i++を記述し忘れると、永遠にループが止まらない処理になってしまいます（for文は3番目の式でカウントアップ式を書くことが一種の習慣になっているため、書き忘れはあまり起きません）。while文を書く際には絶対に止まることを意識して書きましょう。
　Pythonのwhile文はJavaScriptと似ています。

`Python`
```
x = [10, 20, 30]
i = 0

while i < len(x):
    print(x[i])
    i += 1
```

　構文は以下になります。

`Python`
```
while 条件式:
    繰り返す処理
else:
    最後に実行する処理
```

　else節は省略が可能です。whileのループが最後まで回ったときに実行されます（Pythonのfor文でも同じ挙動をとるため、具体的な挙動はfor文のところで説明します）。

do-while文

　JavaScriptには、while文とよく似た機能のdo-while文があります。

`JS`
```
const x = [10, 20, 30];
let i = 0;
```

```
do {
    console.log(x[i]);
    i++;
} while (i < x.length);
```

構文は以下の通りです。

```JS
do {
    繰り返す処理
} while (条件式);
```

do-while文でできることは、基本的にはwhile文と同じです。異なるのは、do-while文では「繰り返す処理」の最初の1回の実行が保証されていることです。while文では「繰り返す処理」の実行が条件によっては1度もないかもしれません。一方、do-while文では「繰り返す処理」を実行した後に「条件式」が実行され、繰り返すかどうかを判断します。このため、最初の1回は絶対に実行したい場合にはdo-while文を使うことができます。

do-while文はPythonにはありません。

continueとbreak

ループを制御する文として、continue文とbreak文があります。continue文はその繰り返し回のみをスキップする処理で、break文はそこでループを抜ける処理です。PythonにもJavaScriptにも存在します。例を見てみましょう。

```JS
const x = [10, 20, 30];
let i = 0;

for (let i = 0; i < x.length; i++) {
    if (i === 0) { continue; }
    if (i === 2) { break; }
    console.log(x[i]); // 20のみ表示
}
```

このfor文ではiは0から2までカウントアップされていきます。iが0のときにcontinueするため、その回のcontinue以降の処理（console.log(x[i])など）はすべてスキップされ、次のループに入ります（つまり、10は表示されません）。iが1のときにconsole.log(x[i])で20が出力され、iが2のときにbreakするので、そこでループ処理が終了します（つまり、30は出力されません）。

each処理

for文やwhile文による**伝統的なループは、最近のプログラミングで使うことはかなり減っています。**for文を使う場合、「本当にfor文を使わないと書けないのか？」とじっくり考えてしまうほどです。

というのも、**ほとんどのループ処理は、配列などのコレクションの要素を先頭から順番に処理するだけ**だからです。つまり、要素を1個飛ばしてループしたり、配列の途中で終わらせることは滅多にありません。

伝統的なfor文やwhile文は自由なループが書ける分、本当にやりたいことが実現できているのかを確認する必要があります。特に、while文では無限ループが発生する可能性が高いため、より注意が必要です。

JavaScriptのeach処理

そこで、配列などの要素を先頭から順番にアクセスするためだけの機能として、for-in文、for-of文と配列のforEachメソッドがあります。

for-of文

まず、for-of文の例を見てみましょう。

```JS
const x = [10, 20, 30];

for (const v of x) {
    console.log(v); // 10 20 30が順番に出力される
}
```

構文はこうなります。

```JS
for （変数宣言 of コレクションのデータ） {
    繰り返す処理
}
```

　for-of 文では、前ページの例であれば、v に配列の要素が先頭から順番に入っていきます（v はたまたま付けた変数名です。好きな変数名で構いません）。
　これと伝統的な for 文との違いを少し考えてみましょう。比較のために、再度 for 文で同じことを処理しているコードを載せますね。

```JS
const x = [10, 20, 30];

for (let i = 0; i < x.length; i++) {
    console.log(x[i]); // 10 20 30が順番に出力される
}
```

　for 文と for-of 文のコード上で最も大きく異なるのは、for 文のときに利用されていた変数 i が消えたことです。for 文の変数 i は、ループを継続するのかどうかの判定に利用されています。こういう変数のことを**制御変数**と言ったりしますが、一般に制御変数は注意深く利用する必要があります。
　例えば、繰り返し処理の中でうっかり i の値を変更してしまうと、期待する挙動にはなりません。さらに、制御変数を使った条件式が正しいのかどうか、例えば i < x.length が正しいのか、もしかしたら i <= x.length が正しいのではないかなどをちゃんと考える必要があります。上記の for 文なら i < x.length が正しいのですが、書き間違えてしまう可能性がある以上、ちゃんと確認する必要があります。
　配列へのアクセス順を限定する代わりに、制御変数や条件式を裏に隠してくれているのが、for-of 文になります。for-of 文であれば、先頭から順番に要素にアクセスし、ループが終了することを保証してくれます。
　このように、安全性と可読性が良い for-of 文を積極的に使うべきです。先ほども書きましたが、大体の処理は配列を先頭から順番に見ていくことで事足ります。もちろん、自由なループが必要になることもありますが、それはレアケースです。なので、for 文を使いたくなったら、本当に for-of 文でできないかなどしっかり

考えると良いと思います。

　ちなみに、`for-of`文では、オブジェクトは利用できません。

for-in文

　オブジェクトで利用できるのは`for-in`文になります。

```JS
const x = { a: 10, b: 20, c: 30 };

for (const k in x) {
    console.log(x[k]); // 10 20 30が順番に表示される
}
```

　構文は次の通りです。

```JS
for (変数宣言 in オブジェクト) {
    繰り返す処理
}
```

　`for-of`文が要素の値（value）を変数 v に入れてくれたのに対して、`for-in`文はキー（key）を渡してくれます。つまり、変数 k には a、b、c が順番に入ります。オブジェクトは配列と異なり、key-valueのペアでデータを管理します。`for-in`文は、keyで`for`文を回すために使われる機能になります。

　ちなみに、`for-in`文に配列を渡すこともできますが、これは推奨されていません。配列を渡すとインデックスで回すようになりますが、順序が処理系依存になります（つまり、0、1、2…というような順序にならない可能性があります）。

配列のforEachメソッド

　配列では、`forEach`メソッドを使って`for-of`文と同様のことができます。さらに`forEach`メソッドの場合、配列のインデックスを取得することもできます。

　次のように利用します。

JS
```js
const array = [10, 20, 30];
array.forEach(v => console.log(v)); // 10 20 30 が順番に表示される

array.forEach((v, index) => console.log(index)); // 0 1 2 が順➚
番に表示される
```

　forEachメソッドは、無名関数を引数にとるメソッドです（無名関数について
は第7章で詳しく解説します）。無名関数の引数が1つだけなら（例では変数v）、
配列の要素を順番に渡してループを回します。引数が2つ（例では、vとindex）
なら2つ目の引数（index）に配列のインデックスを渡します。

Pythonのeach処理

　Pythonのfor文はそもそもがeach処理になっています。Pythonに伝統的な
for文はありません。自由にループを回したい場合は、while文を利用することに
なります。

　Pythonのfor文は、リストに対してはJavaScriptのfor-of文のように振る舞
い、辞書に対してはJavaScriptのfor-in文のように振る舞います。

```python
x = [10, 20, 30]

for v in x:
    print(v) # 10 20 30が順番に表示される

x = { "a": 10, "b": 20, "c": 30 }

for k in x:
    print(x[k]) # 10 20 30が順番に表示される
```

　Pythonのfor文の基本的な構文は以下のようになります。

```python
for 変数 in 辞書やリスト:
    繰り返す処理
```

JavaScriptの`for-in`文と`for-of`文が1つにまとめられていて、その分、Pythonの方がすっきりした印象を持ちます（JavaScriptでは`for-in`文と`for-of`文の違いを理解しないといけません）。JavaScriptもPythonのようにすれば良かったのですが、JavaScriptでは配列もオブジェクトなので、1つの構文で対応することが難しかったのだと思われます。

　Pythonの`for`文では、`else`節を付けることもできます。`for`文の`else`節は、`break`されずにループが終了した時点で実行される処理になります。

`Python`
```
for 変数 in 辞書やリスト:
    繰り返す処理
else:
    最後に実行する処理
```

　このような構文です。例えば、リスト中に探している要素があったかどうかを判定するときに利用できます。

　以下のサンプルコードを見てください。

`Python`
```
x = [10, 20, 30]

for v in x:
    if x == 100:
        print("Found 100")
        break
else:
    print("Not Found")  # これが表示される
```

　このコードは`Not Found`とだけ表示されます。もしリスト中に探している`100`の値があれば`break`されるので、その場合は`else`節が実行されません。今は`break`されずにループが終わるので、`else`節が実行されることになります。

　ちなみに、この`else`節は`while`文でも利用可能です。

enumerate関数

　リストのインデックスと要素を同時に取得したい場合は、`enumerate`関数を利用します。

```Python
x = [10, 20, 30]

for index, v in enumerate(x):
    print(index, v) # 0 10, 1 20, 2 30が表示される
```

map、filter、reduce

第2章のコレクションのところで紹介しましたが、リスト・配列の代表的な処理として、map、filter、reduceがあります。**リスト・配列を処理する場合、このmap、filter、reduce処理とeach処理を組み合わせることで、ほとんど対応できます。**ですので、これらの処理をしっかり理解することは非常に重要です。

map処理

map処理は、**リスト・配列のそれぞれの要素を変換した新しいリスト・配列を生成する処理**です。

JavaScriptのmap処理

配列の`map`メソッドを利用します。例えば各要素を2倍するには以下のように書きます。

```JS
const x = [10, 20, 30];
x.map(v => v * 2); // [20, 40, 60]
```

mapメソッドは**無名関数を引数にとるメソッド**です。無名関数については第7章で詳しく解説しますが、簡単に言うと、

```JS
引数 => 処理
```

という形で関数を定義する機能のことです。上記の例では、引数が`v`で処理が`v *`

2という関数をmapメソッドに渡していることになります。

　そして、mapメソッドは各要素に対して、無名関数を実行してくれます。つまり、vに各要素を入れ、無名関数の結果（今の例では2倍した値）を格納した新しい配列を返してくれる、というわけです。

Pythonのmap処理

Pythonではmap関数を利用します。

```Python
x = [10, 20 , 30]
list(map(lambda v: v * 2, x)) # [20, 40, 60]
```

　map関数には、第1引数に無名関数を、第2引数に元となるリストを渡します。Pythonの無名関数は、

```Python
lambda 引数: 処理
```

という構文になります。

　map関数の返り値はリストではなく、**イテレータという特別な値**です。なので、最後にlist関数を呼び出して、リストに変換しています。

リスト内包表記

　Pythonでは、map処理を行うための機能としてmap関数のほかに、**リスト内包表記**という機能があります。先ほどの2倍する例をリスト内包表記で書くとこうなります。

```Python
x = [10, 20 , 30]
[v * 2 for v in x] # [20, 40, 60]
```

　基本の構文はこうなります。

```Python
[処理 for 変数 in リストなどのデータ]
```

　処理、**変数**と書いた部分は、`map`関数で紹介した無名関数の処理、引数と同じ意味です。つまり、**リストなどのデータ**の各要素を**変数**に入れ、**処理**を実行し、新しいリストを生成します。

　リスト内包表記の構文は独特でわかりにくいという意見をたまに見るのですが、構造を理解してしまえばそんなに特殊な構文ではありません。まず、リスト内包表記の外側の`[]`はリストを表すもので、リストを生成するよ、ということを宣言しているわけです。そして、`[]`の中はPythonの`for`文を逆にしたような形になっています。通常の`for`文は、

```Python
for 変数 in リストなどのデータ:
    処理
```

という構文ですが、この**処理**が`for`の前にきて、

```Python
処理 for 変数 in リストなどのデータ
```

となったものです。**処理**が前に来ているのは、欲しいリストは、**処理**が実行されたリストなので、それをわかりやすくするためだと思われます。

　`map`もリスト内包表記も、最終的にできることは同じですが、**素直にリストを作る場合はリスト内包表記で良い**でしょう。イテレータが欲しい場合や、無名関数がすでに与えられている場合は、`map`関数を利用しましょう。

そのほかの内包表記

　内包表記には、リスト内包表記のほかに、**辞書内包表記**と**集合内包表記**があります。それぞれ新しい辞書、あるいは新しい集合を返す機能になります。せっかくですので、こちらも簡単に紹介します。

辞書内包表記

辞書内包表記はこのように利用します。

```Python
x = ["kawasaki", "yokohama", "urawa"]
{v: len(v) for v in x} # {'kawasaki': 8, 'yokohama': 8, 'urawa
': 5}
```

構文はこのようになります。

```Python
{キー: 値 for 変数 in リストなどのデータ}
```

リスト内包表記との違いは、**[]**が**{}**に変わったのと、リスト内包表記の各要素を計算していた**処理**の部分が**キー: 値**という形になったことです。

集合内包表記

集合内包表記は辞書内包表記と似ています。

```Python
x = ["kawasaki", "yokohama", "urawa"]
{len(v) for v in x} # {8, 5}
```

構文はこのようになります。

```Python
{処理 for 変数 in リストなどのデータ}
```

構文的には、リスト内包表記の**[]**が**{}**になっただけです。Pythonで集合は**{}**で表現しますが、内包表記もその表現に従っています。

ちなみに、各要素に**len(v)**を実行すると8、8、5になりますが、集合なので重複した値は持てませんから、**{8, 5}**になります。

filter処理

filter処理は、リスト・配列から希望の要素だけを抜き出した新しいリスト・配列を生成する処理です。

JavaScriptのfilter処理

配列のfilterメソッドを利用します。例えば、偶数のみを抜き出すには以下のように書きます。

```JS
const x = [1, 2, 3];
x.filter(v => v % 2 === 0); // [2]
```

mapメソッドと同様に無名関数を受け取り、その無名関数の結果が真になる要素のみを抜き出してくれます。

Pythonのfilter処理

Pythonもmap関数同様に、filter関数を利用します。使い方もmap関数と同様です。

```Python
x = [1, 2, 3];
list(filter(lambda v: v % 2 == 0, x)); # [2]
```

リスト内包表記でfilterする

リスト内包表記を使ってfilterと同様の処理を書くこともできます。

```Python
x = [1, 2, 3]
[v for v in x if v % 2 == 0] # [2]
```

構文は以下になります。

[処理 for 変数 in リストなどのデータ if 条件式]

　通常のリスト内包表記の最後にifを付けた形になっています。この条件式が
Trueになった要素のみを**処理**し、新しいリストを生成します。もちろん、**処理**に
は任意の式が書けます。mapとfilterを同時に書いているような機能になります。

reduce処理

　reduce処理は、リスト・配列から何らかの1つの値を生成する処理を言います。
例えば、合計や最大値を計算する処理がそうです。

JavaScriptのreduce処理

　配列のreduceメソッドを利用します。これも無名関数を渡すのですが、やや独
特な形式の関数になります。例えば、合計を求める処理はこう書きます。

```JS
const array = [1, 2, 3, 4];
array.reduce((result, v) => result + v); // 10
```

　reduceメソッドに渡す関数は引数を2つ持ちます。各要素に対して、この関数
が実行されることは変わらないのですが、最初の引数resultは集計用の引数で、
この例では合計値を保持する引数になります。ただ、最初の1回はresultにはリ
ストの第1要素が入り、第2引数のvにはリストの第2要素が入ります。そして、
関数本体の処理の結果が次のループのresultに入るようになります。上の例で言
えば、**図1-6-2**のようになって、最終的に10が求まります。

第1部

第6章

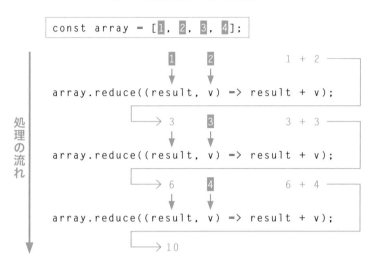
図1-6-2●reduce処理の流れ

resultの初期値は、reduceメソッドの第2引数で指定することもできます。こうすると、最初のループでは、resultには指定した初期値が、vには配列の第1要素が入ります。

```JS
array.reduce((result, v) => result + v, 10); // 20
```

この場合は、図1-6-3のように、最終的には20が求まります。

図1-6-3●reduceメソッドの第2引数で初期値を指定

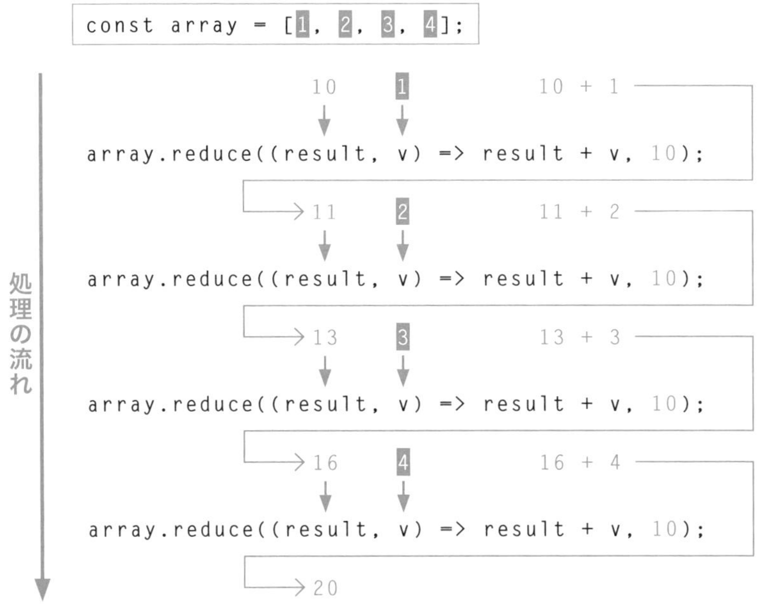

```
const array = [1, 2, 3, 4];
```

```
          10      1            10 + 1
           ↓      ↓
array.reduce((result, v) => result + v, 10);

          → 11    2            11 + 2
           ↓      ↓
array.reduce((result, v) => result + v, 10);

          → 13    3            13 + 3
           ↓      ↓
array.reduce((result, v) => result + v, 10);

          → 16    4            16 + 4
           ↓      ↓
array.reduce((result, v) => result + v, 10);

          → 20
```

処理の流れ

Python の reduce 処理

Python では reduce 関数を利用します。こちらも無名関数を渡します。この無名関数では JavaScript のときと同じように、第1引数にそれまでの集計結果が入り、第2引数に各要素が入ります。

Python
```
from functools import reduce

array = [1, 2, 3, 4]
reduce(lambda result, v: result + v, array) # 10
```

reduce 関数を使うには、from functools import reduce としておく必要があります。また、result の初期値は、reduce 関数の第3引数で指定します。

Python
```
reduce(lambda result, v: result + v, array, 10) # 20
```

ただし、Pythonでは合計を求めるなら`sum`関数、最大値を求めるなら`max`関数というように、目的に応じた様々な関数があらかじめ用意されています。ですから、Pythonの`reduce`関数を利用する機会は少ないかもしれません。

この章のまとめ

　ループ処理には、自由自在にループ処理を制御できる伝統的な方法と、配列などの要素を先頭から順番にループさせるだけの方法があります（この章の中ではこれをeach処理と呼んでいます）。each処理は制限がある分、すっきりしたコードが書きやすいですし、ループ処理の大半はeach処理で書くことができます。Python、JavaScriptとも、伝統的な方法もeach処理もどちらも提供しています。

　伝統的なループに、JavaScriptでは`for`文、`while`文と`do-while`文を使い、Pythonでは`while`文のみが使えます。Pythonの`for`文は自由自在なループが書けるわけではなく、each処理のための機能になります。

　each処理のために、JavaScriptには`for-in`文、配列の`forEach`メソッドと`for-of`文があります。ざっくり言うと、配列で使うのが`for-of`文あるいは`forEach`メソッドで、オブジェクトに対して使うのが`for-in`文になります。Pythonでは、`for`文が提供されています。Pythonの`for`文は、リストと辞書どちらにも適用できるようになっています。

　`map`処理、`filter`処理、`reduce`処理は、配列などを操作するのに、重要な処理になります。`map`処理は配列の各要素を変換した新しい配列を作る処理、`filter`処理は配列に対して指定した条件に合致した要素だけを抜き出す処理、`reduce`処理は配列に対して何らかの代表値（合計や最大値など）を計算する処理です。Python、JavaScriptともにそれぞれの処理に向けた関数・メソッドが提供されています。特に`map`処理に関して、Pythonは内包表記という記法を提供しています。最初はとっつきにくい表記かもしれませんが、慣れると便利ですので、ぜひ使ってみてください。

第7章 関数

　関数は、プログラミングにおいて非常に重要な機能です。関数を利用すると、**処理を意味のある単位に分割**できます。そして、**処理に名前を付けることができます**。また、関数を呼び出すことで、**同じロジックを書く必要がなくなります**。

　ちなみに、関数とよく似た機能に**メソッド**があります。これは第8章で説明しますが、**関数で実行できることの大体はメソッドでも実行できます**。

関数の基礎

Pythonの関数

　Pythonの関数は以下のように定義します。

`Python`
```Python
def double(x):
    return x * 2
```

　構文は以下のようになっています。

`Python`
```Python
def 関数名(引数):
    処理
```

　defが関数を定義するための目印で、続いて関数名と引数を記述します。その後、改行して、インデントを1つ付けて処理を記述します。

　関数に返り値を持たせる場合は`return`を利用します。ちなみに、`return`は必須ではありません。省略した場合、`None`が返るようになります。

　関数の返り値として、複数の値を返すことができます。`return 1, 2`のように複数の値を並べるだけです。これは**実際にはタプルとして返ります**。そして、**タプ**

第1部
第7章

ルは分割代入が可能なので、分割代入してそれぞれの値を受け取ることができます。

```Python
def sample():
    return 1, 2


sample() # (1, 2)
a, b = sample() # a=1, b=2になる
```

JavaScriptの関数

JavaScriptの関数の基本的な定義は、以下のようになります。

```JS
function double(x) {
    return x * 2;
}
```

構文は以下です。

```JS
function 関数名(引数) {
    処理
}
```

JavaScriptも return は必須ではありません。省略した場合、undefined が返ります。

JavaScriptの関数では複数の値を返すことはできません。その代わり、**配列を返して、配列の分割代入を行うことで複数の値を返すようにできます。**

```JS
function sample() {
    return [1, 2];
}


const [a, b] = sample(); // a=1, b=2になる
```

ちなみに、よくある間違いなのですが、以下のように書くとうまく動きません。

```JS
function sample2() {
    return 1, 2;
}
```

先ほどの`sample`関数と比べると、`return`が配列ではなく`1, 2`になっています。これはPythonとよく似た表記（というか同じ）ですし、ほかのプログラミング言語でもこのように書いて複数の値を返すことができるため（なおかつ、JavaScriptでも文法エラーにはならないので）、ついついこのように書いてしまうのですが、これでは意図した挙動にはなりません。

`1, 2`は**カンマ演算子**を使うコードです。カンマ演算子は最後の値が返る演算子になります。つまり、`1, 2`は`2`という値になってしまうのです（`1`は捨てられます）。ですので、`sample2`関数の結果は`2`になって、結局、1つの値しか返せないことになります。

引数

引数にはいくつかの機能があります。専門用語になるのですが、関数側に定義された引数のことを**仮引数**、実際に関数呼び出しで引数に渡される値を**実引数**と呼びます（**図1-7-1**）。以降では、状況に応じてこの2つを区別しますので、注意してください。

第1部
第**7**章

図1-7-1●仮引数と実引数

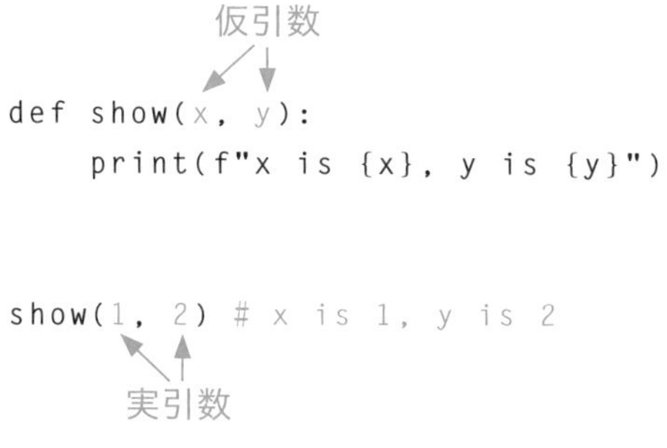

仮引数
```
def show(x, y):
    print(f"x is {x}, y is {y}")


show(1, 2) # x is 1, y is 2
```
実引数

133

Pythonの引数

Pythonでは引数に多くの機能が提供されています。まず、Pythonが提供する引数の機能を紹介し、その後でJavaScriptの引数の機能を紹介します。

デフォルト引数

Pythonでは仮引数に対して**デフォルト値**を設定できます。

`Python`
```python
def show(x=1, y=2):
    print(f"x is {x}, y is {y}")
```

1や2がデフォルト値です。デフォルト値が設定されている場合、関数呼び出し時にその引数を省略できます。

この例のshow関数はすべての仮引数にデフォルト値が設定されているので、この関数はすべての実引数を省略できます。

`Python`
```python
show() # x is 1, y is 2
```

もちろん、実引数を指定すればデフォルト値は無視されます。

`Python`
```python
show(x=10) # x is 10, y is 2
```

x=10のように記述し、仮引数に値を設定します。ちなみに、x=は省略できます。その場合は、仮引数の並び順に値が指定されていきます。

`Python`
```python
show(10) # x is 10, y is 2
show(10, 100) # x is 10, y is 100
```

デフォルト引数は非常に重要な機能です。特に**関数の拡張時**や、**普段はデフォルト値で良いがときどきほかの値を設定する必要がある引数を提供する**ための必須の機能になります。

134

例えば、デフォルト引数のない show2 関数を考えてみましょう。

```Python
def show2(x):
    print(f"x is {x}")
```

```
show2(1) # x is 1
```

　この関数は、引数は1つだけで、プログラムの至る所で利用されていたとします。ここで show2 関数を拡張して、引数 y を追加したくなったとします。
　このときに問題になるのは、既存の呼び出し部分です。例えば、show2(1) の部分です。既存の呼び出し部分は、当然、引数が1つで書かれているので、関数に引数を追加してしまうと、引数の数が一致しなくなりエラーになってしまいます。

```Python
def show2(x, y):
    print(f"x is {x}, y is {y}")
```

```
show2(1) # 引数が一致しないエラー: TypeError: show2() missing 1 req↗
uired positional argument: 'y'
```

　この呼び出し部分が1つくらいであれば、単純に修正すれば良いのですが、呼び出し部分がとても多いと、全部を正しく修正するのは困難です。
　こういう状況で役に立つのがデフォルト引数なのです。デフォルト引数は、実引数が設定されていなければデフォルト値が使われるので、既存部分はすべてデフォルト値の利用ということになります。こうすると安全に関数の拡張ができるわけです。

```Python
def show2(x, y=2):
    print(f"x is {x}, y is {y}")
```

```
show2(1) # x is 1, y is 2
```

ちなみに、デフォルト引数を作った後の仮引数はすべてデフォルト値が必要です。ですので、以下のような関数定義はzがデフォルト値を持たないのでエラーになります。

```Python
def show2(x, y=2, z): # ここでエラー。SyntaxError: non-default arg⬎
ument follows default argumentが発生する
    print(f"x is {x}, y is {y}, z is {z}")
```

┃デフォルト引数の注意点

　デフォルト引数は便利ですが、注意すべきことがあります。それは、Pythonではデフォルト値が再利用されるということです。例えば、デフォルト値として空リストを指定した以下のような関数を考えましょう。

```Python
def append_one(lst=[]):
    lst.append(1)
    return lst
```

　この関数は、デフォルト値として空リストを使います。そして、関数内でリストに1を追加します。
　この関数をデフォルト引数を使って呼び出すと、ちゃんと[1]が返されます。

```Python
append_one() # [1]
```

　では、ここでもう一度append_one関数を引数なしで呼び出したら何が返されるでしょうか？ 再び[1]だと思いますか？ そう思っても無理はありませんが、残念ながら[1, 1]が返されます。append_one関数を引数なしで呼び出した分、1が増えていきます。
　これはデフォルト値として指定したリストがずっと再利用され続けるためです。デフォルト値は最初は確かに空リストでしたが、このリストに要素が追加され、長さが1のリストになります。このリストが次のデフォルト値として利用されるのです。それでappend_one関数の2回目の呼び出しで[1, 1]が返されるのです。

このように、デフォルト値は再利用されてしまうので、**デフォルト値に利用する
のはイミュータブル（変更できない）なデータにするべき**です。リストはミュータ
ブルなデータなのでデフォルト値としては不適切なわけです。

　空リストを指定するのであれば、デフォルト値にはいったんNone等を指定して、
関数内で空リストを代入するのが良いでしょう。

```Python
def append_one(lst=None):
    if lst is None: lst = []
    lst.append(1)
    return lst


append_one() # [1]
append_one() # [1]
```

位置引数とキーワード引数

　位置引数と**キーワード引数**というのは、実引数の渡し方のことです。

　位置引数は、普通の引数の使い方です。関数に定義された仮引数の順番に、実
引数を渡す方法です。

```Python
def show(x, y):
    print(f"x is {x}, y is {y}")


show(1, 2) # 位置引数の渡し方  x=1, y=2になる
```

　これに対して、キーワード引数は、仮引数の変数名を実引数と明示的に結び付
ける方法になります。すでにデフォルト引数のところで紹介した方法です。

```Python
show(x=1, y=2) # キーワード引数の渡し方
```

　関数呼び出しの際にx=1, y=2 としていますが、これが仮引数の変数名xとyと
実引数の1と2を明示的に結び付けている部分です。

キーワード引数の場合、順序は関係なくなるので、

```Python
show(y=2, x=1)
```

と呼び出しても同じ結果になります。

キーワード引数と位置引数を混在させることもできます。

```Python
show(1, y=2)  # xは位置引数、yはキーワード引数
```

キーワード引数は、引数が多くなってしまった際に非常に強力な機能になります。引数が多くなってしまうと、何番目の引数がどういう意味だったのかを正確に把握するのが難しくなってしまうことがあります。例えば、以下のように、4つの引数がある`intro`関数を考えてみましょう。

```Python
def intro(name, area, hobby, comment):
    print(f"私は{name}です。{area}出身で、趣味は{hobby}です。{comment}。")
```

これを位置引数で呼び出すとこうなります。

```Python
intro("カオル", "川崎", "スポーツ", "よろしくです")
```

どうでしょうか？ パッと見て、正しい引数に正しく実引数を渡せていると自信を持てるでしょうか？ 仮に、

```Python
intro("カオル", "スポーツ", "川崎", "よろしくです")
```

こうなっていても気づきにくいですよね。

これがキーワード引数を使うと、

```Python
intro(name="カオル", area="川崎", hobby="スポーツ", comment="よろし↴
くです")
```

となって、実引数と仮引数の対応が明確になるので、意図を把握しやすくなります。

Keyword-only argumentとPositional-only parameters

Pythonはデフォルトで位置引数とキーワード引数の両方が有効になっています。一方、キーワード引数を強制したい場合や、逆に位置引数を強制したい場合もあります。

Keyword-only argumentは「これ以降すべての引数はキーワード引数」ということを設定できる機能です。*を使います。

```Python
def show(x, *, y):
    print(f"x is {x}, y is {y}")
```

```
show(1, 2) # TypeError: show() takes 1 positional argument but↴
 2 were given
show(1, y=2) # O.K.
```

この例のように、仮引数の途中に*を入れると、それ以降のすべての仮引数がキーワード引数必須になります。この例ではyをキーワード引数にする必要があります。

Positional-only parametersは、Keyword-only argumentの逆のような機能で、「これより前の仮引数はすべて位置引数」という設定を行うものです。/を使います。以下の例では、xを位置引数にする必要があります。つまり、キーワード引数にはできなくなります。

```Python
def show(x, /, y):
    print(f"x is {x}, y is {y}")
```

第1部

第7章

```
show(x=1, 2) # SyntaxError: positional argument follows keywor
d argument
show(1, 2) # O.K.
```

▌可変長引数

可変長引数とは、任意個の実引数を受け取ることが可能な仮引数のことです。*****
変数と書きます。

`Python`
```
def show(x, *ys):
    print(f"x is {x}, ys is {ys}")


show(1) # x is 1, ys is ()
show(1, 2, 3) # x is 1, ys is (2, 3)
```

仮引数 ys の定義時に * を付けていますが、これで可変長引数になります。

show 関数の呼び出し時に 2 個以上の実引数を指定できています。最初の 1 は x
への位置引数になり、その後の実引数がタプルとして show 関数に渡されます。な
ので、表示もタプルになっています。

さて、では、この関数にタプルを渡したらどうなるでしょうか？

`Python`
```
show(1, (2, 3))
```

と呼ぶと実行結果は、

```
x is 1, ys is ((2, 3),)
```

になります。つまり、ys は要素数 1 のタプルになって、その要素が (2, 3) とい
うことです。これはこれで納得できる挙動ですが、直接 ys にタプルを展開させた
いと思う場合があります。このような処理を**引数のアンパック**と言います。以下の
ように関数呼び出し時に * を付けるとアンパックしてくれます。

```Python
show(1, *(2, 3))
```

これは、

```Python
show(1, 2, 3)
```

と同じになります。

　ところで、可変長引数はキーワード引数にはできません。

```Python
show(1, ys=(2, 3))
```

のような呼び出しは`TypeError: sample() got an unexpected keyword ar`
`gument 'ys'`が起きてしまいます。可変長なキーワード引数が欲しい場合は、以
下のように変数の頭に`**`を付けます。

```Python
def test(x, **ys):
    print(ys)
```

```
test(1, a=2, b=3) # {'a': 2, 'b': 3}
```

　こうすると、関数内では`ys`は辞書として扱われるようになります。

　ちなみに、可変長引数は関数内で1つしか定義できませんが、何番目の引数に
でも設定できます（JavaScriptやJavaなどは最後の引数のみ可変長にできます）。

　途中の引数を可変長にした場合、それ以降の引数はキーワード引数であること
が必須になります。

```Python
def show(x, *ys, z):
    print(f"x is {x}, ys is {ys}, z is {z}")
```

```
show(1, 2, 3, 4) # TypeError: show() missing 1 required keywor⏎
d-only argument: 'z'
show(1, 2, 3, z=4) # x is 1, ys is (2, 3), z is 4
```

　ちょうど、Keyword-only argumentが*で以降の引数をキーワード引数必須にしているのと同じような使い方に見えますね。

JavaScriptの引数

　JavaScriptの引数は、やや独特な仕様です。実は、**JavaScriptでは仮引数と実引数の数が一致していなくても問題になりません。**

```JS
function show(x, y) {
    console.log(`x is ${x}, y is ${y}`);
}

show(1, 2); // x is 1, y is 2
show(1, 2, 3); // x is 1, y is 2
show(1); // x is 1, y is undefined
```

　最初の関数呼び出しは通常の呼び出しです。実引数と仮引数の数が一致しています。

　次の例が仮引数より実引数が多いものです。何と、これでもエラーにならないんですね。余分に与えられた実引数は単純に無視されます。

　そして最後が仮引数よりも実引数が少ないものです。足りない仮引数は`undefined`になります。ある意味、JavaScriptの引数はすべて`undefined`が指定されたデフォルト引数と考えることができます。

　ちなみに、JavaScriptでは引数を`arguments`というオブジェクトで扱うことができます。

```JS
function showArgs() {
    console.log(`length of arguments is ${arguments.length}`);
    console.log(`first is ${arguments[0]}, second is ${argumen⏎
ts[1]}`);
}
```

```
showArgs(10, 20); // 「length of arguments is 2」と「first is 10,
second is 20」が表示される
showArgs(10, 20, 30); // 「length of arguments is 3」と「first is
10, second is 20」が表示される
showArgs(10); // 「length of arguments is 1」と「first is 10, seco
nd is undefined」が表示される
```

　このように引数そのものを配列のように受け取ることができます。これを使えば、例えば余分に引数を追加された場合にエラーにするなどの処理が可能になります。

デフォルト引数

　Pythonと同様にデフォルト引数を指定できます。

```JS
function show(x = 1, y = 2) {
    console.log(`x is ${x}, y is ${y}`);
}

show(); // x is 1, y is 2
```

　JavaScriptのデフォルト引数は、Pythonのように再利用されません。

```JS
function appendOne(array = []) {
    array.push(1);
    return array;
}

appendOne(); // [1]
appendOne(); // [1]
```

　ただし、実引数に`undefined`を指定してもデフォルト引数が利用されることに注意してください。

```JS
show(1, undefined); // 「x is 1, y is 2」。y=undefinedとはならない
```

　これは`undefined`だけの特殊な挙動で、`null`を渡すとちゃんと`null`に設定さ

れます。

```JS
show(1, null); // x is 1, y is null
```

キーワード引数

JavaScriptにキーワード引数はありません。ただし、オブジェクトを利用する
とキーワード引数のような書き方が可能になります。

```JS
function showKeywordArgs({x, y}) {
    console.log(`x is ${x}, y is ${y}`);
}

showKeywordArgs({x: 1, y: 2}); // x is 1, y is 2
```

　仮引数を見ると、オブジェクトの形で定義されています。そして関数呼び出しの
実引数はオブジェクトの形で渡されています。このように、オブジェクトを利用し
てキーワード引数のような書き方ができます。
　この場合にもデフォルト値を与えることができます。

```JS
function showKeywordArgs({x = 1, y}) {
    console.log(`x is ${x}, y is ${y}`);
}

showKeywordArgs(); // x is 1, y is undefined
showKeywordArgs({ y: 2 }); // x is 1, y is 2
```

　この場合、関係ないkeyがあってもエラーにならないので注意してください。

```JS
showKeywordArgs({ z: 2 }); // 「x is 1, y is undefined」。余分なzが
あってもエラーにならない
```

可変長引数

JavaScriptでは、**...**（**スプレッド**）を付けることで、可変長引数にできます。可変長引数は配列として受け取ります。

```JS
function show(x, ...ys) {
    console.log(`x is ${x}, ys is ${ys}, length of ys is ${ys.
length}`);
}

show(1, 2, 3); // x is 1, ys is 2,3, length of ys is 2
```

配列をそのまま出力すると2,3のようになるので、わかりにくいのですが、**ys**は要素数が2の配列になっています。実引数で配列を指定すると、その配列を要素に持つ配列になってしまいます。

```JS
show(1, [2, 3]); // 「x is 1, ys is 2,3, length of ys is 1」。先ほ
どと配列長が変わっている
```

こうではなく、指定した実引数の配列を展開させたい場合には、実引数の配列に**...**を付けて展開します。

```JS
show(1, ...[2, 3]); // x is 1, ys is 2,3, length of ys is 2
```

ちなみに、配列を展開した後にさらに引数を追加することもできます。

```JS
show(1, ...[2, 3], 4); // x is 1, ys is 2,3,4, length of ys is 3
```

なお、JavaScriptの可変長引数は最後の仮引数にしか適用できません。

第1部
第7章

145

無名関数

PythonとJavaScriptでは、**関数を値として扱うことができます**。値であるということは、つまり、**変数に代入したり、実引数として利用できたりする**ということです。こういったコードを書けます。

Python
```python
def sample():
    print("hello")


say = sample # sample関数そのものをsay変数に代入している
say() # hello
```

JS
```javascript
function sample() { console.log("hello"); }

const say = sample;
say(); // hello
```

`sample`関数を定義して、それを`say`という変数に代入して実行しています。注意してほしいのは、`say = sample`というのは、`say`に`sample`関数の実行結果を代入するのではなく、**関数そのものを代入している**という点です。そして、代入された変数`say`を関数のように呼び出すことで関数を実行しています。

Pythonで関数は`function`クラスのインスタンス（値）です。JavaScriptで関数は`Function`型のオブジェクトです。これらが「関数そのもの」と言えます。

このように、関数は値です。すると、関数名はまるで変数名のような存在に見えます。ちなみに、既存の関数名を別の値に書き換えたりすることもできます（非常に危険ですが…）。

Python
```python
len([1, 2]) # 2
len = 1
len([1, 2]) # TypeError: 'int' object is not callable
```

関数の定義は、Pythonなら `def`、JavaScriptなら `function` というキーワードで定義していました。関数が値なのだとすると、考えようによっては `function sample() { ... }` というのは `sample` という変数に関数の値を代入している機能とも解釈できます。

　ここまで来ると、**関数名を定義しない純粋な値のみの関数を定義できてもいいかなと思いませんか？** 思わないかもしれませんが、思ってみてください！

　実はそう思った人が多く、また、後で解説する**高階関数**の考え方が広まったおかげで、多くのプログラミング言語では、関数名を持たない純粋な値としての関数を定義できるようになっています。それは、名前がない関数という意味で、**無名関数**と呼ばれます。

JavaScriptの無名関数

　JavaScriptで無名関数を定義する方法は2つあります。`function` キーワードを使った**関数式**と**アロー関数**です。

関数式

　関数式は、通常の関数定義から名前だけをなくしたような構文になっています。まさに**無名**関数という感じですね！

```JS
function(引数) {
    処理
}
```

　関数式の例は次のような感じです。

```JS
const show = function(x) {
    console.log(`x is ${x}`);
}

show(1); // x is 1
```

アロー関数

アロー関数は、もっと手軽に無名関数を定義できるようにと導入された構文になります。アロー関数の基本的な構文は、関数式から `function` を消して `=>` を置いたような形です。

```JS
(引数) => {
    処理
}
```

アロー関数の例を以下に示します。

```JS
const double = (x) => {
    return x * 2;
}

double(10); // 20
```

引数の括弧は省略することもできます。さらに、処理の中身が `return` 式のみの場合、`{}` や `return` も省略できます。なので、先ほど書いた2倍する無名関数はこう書けます。

```JS
const double = x => x * 2;

double(10); // 20
```

確かに関数式よりもすっきり書けそうです。ちなみに、引数がない場合、`()` は省略できません。

JavaScriptの関数の実行

JavaScriptの関数（無名、あるいは通常の関数）の実行方法には、基本的な方法に加えて、2つの方法があります[*1]。ただ、基本の方法以外を利用する場面はそ

[*1]　コンストラクタ呼び出しも実際には関数呼び出しになりますが、ここではいったん除外しておきます。

う多くありません。ここではそういう方法があるのだ、ということだけを理解して
おいてください。

　基本の実行は、( )で呼び出す方法です。これは今までの例でも実行している方
法です。

　後の2つは、callメソッドとapplyメソッドを用いる方法です。これらの方法
は関数内のthisの値を変更させるために利用します。

　thisは、**関数の実行主体を指します**。実行主体というのはわかりにくい言葉で
すが、この関数が誰のものとして実行されるのか、という値になります。

　実は、通常の関数を実行する場合、**グローバルオブジェクト**というオブジェクト
がその関数を実行していることになっています（ただし、厳格モードでは、通常の
関数呼び出しのthisはundefinedになります）。

　コマンドプロンプト等でNode.jsを起動して、thisと入力すると、グローバル
オブジェクトの中身を見ることができます。ちなみに、Webブラウザの場合、こ
れはwindowオブジェクトになります。

　thisは、クラスのメソッドを実行するとき、より意味がはっきりします。例え
ば、配列のindexOfメソッドの実行を見てみましょう。

```JS
const x = [1, 2];
x.indexOf(2);
```

　このx.indexOf(2)の実行主体はxになります。ですので、indexOfの中で
thisを参照するとxの値になります。

　call、applyを利用すると、このthisを指定できます。call、applyの第1
引数がthisになります。

```JS
function showThis() { console.log(this); }

showThis(); // <ref *1> Object [global](略)
showThis.call(1); // [Number: 1]
showThis.apply(1); // [Number: 1]
```

　このような実行主体の指定は、Pythonのメソッド定義でも出てきます。

ちなみに、アロー関数では `call`、`apply` を使っても `this` を指定できません。

また、`call` と `apply` の違いは、第1引数以外の引数の指定方法の違いです。 `call` が通常と同じように引数を渡すのに対して、`apply` は配列にして渡します。

```JS
function sample(x, y) {
    console.log(`x is ${x}, y is ${y}`);
}

sample.call(null, 1, 2); // x is 1, y is 2
sample.apply(null, [1, 2]); // x is 1, y is 2
```

Pythonの無名関数

Pythonの無名関数は `lambda` 式（lambdaは**ラムダ**と読みます）で作ります[*2]。 JavaScriptの最もシンプルなアロー関数とよく似ています。

```Python
double = lambda x : x * 2
double(2) # 4
```

なお、説明のために `lambda` 関数を変数に代入していますが、このようなコードはあまり推奨されていません[*3]。

`lambda` 式の構文は以下の通りです。

```Python
lambda 引数 : 式
```

引数部分に括弧は付けません。付けると文法エラーになります。引数なしの `lambda` 式を定義するには以下のようにします。

---

*2　lambda（ラムダ）という独特の名前は、計算理論のラムダ計算から来ています。ラムダ計算は、プログラミング言語の理論的な基礎の一つになっていて、とても深遠な世界が広がっています。興味があれば調べてみてください。

*3　lambda式を作ってローカル変数に代入するよりも、defで関数を定義する方がPythonらしいコードと言えます。lambda式は制限が強いので、高階関数に渡すことがメインの利用になると思います。

```Python
say = lambda : print("hello")
say() # hello
```

　式部分は、式なので複数の文を書くことができません。このため、複数行の処理をlambda式で書くことはできません。

コラム **なぜ高階関数や無名関数が重要なのか**

　高階関数は、関数を引数にとる関数のことです。これまでにも何度か出てきましたが、mapやfilterなどが高階関数に当たります。

　ところで、「関数を引数にとる」というのは具体的にはどういうことでしょうか？ そもそも何がうれしくてそんなことするのでしょう？

　具体的に考えるために、map関数を自分で定義することを考えてみましょう。map処理というのは、受け取ったリスト・配列の各要素に何らかの処理（2倍にしたり、変形したり）をして、新しいリスト・配列を生成する処理のことです（**図1-7-A**）。

図1-7-A●map処理の例

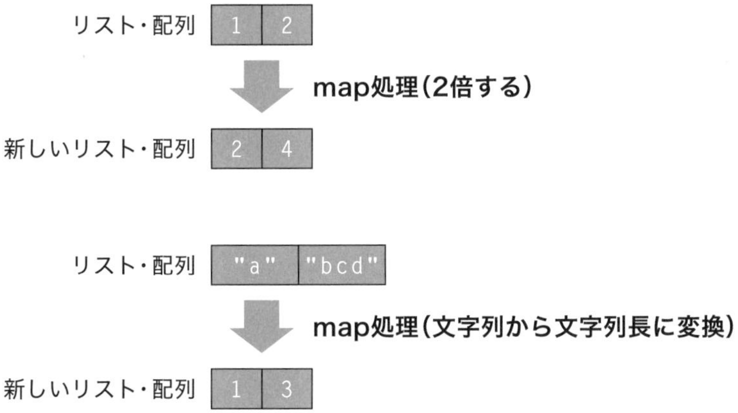

　具体的な処理が決まっていれば、それを専用のmap関数として書くことはできます。例えば、各要素を2倍するmap処理はこんな風に書けます。

```JS
function doubleMap(arr) {
    const newArr = [];
    for (const v of arr) {
        newArr.push(v * 2);
    }
    return newArr;
}

doubleMap([1, 2]); // [2, 4]
```

あるいは、文字列を文字列長に変換するmap処理はこんな風に書けます。

```JS
function strLengthMap(arr) {
    const newArr = [];
    for (const v of arr) {
        newArr.push(v.length);
    }
    return newArr;
}

strLengthMap(["a", "bcd"]); // [1, 3]
```

doubleMap関数とstrLengthMap関数を比較すると、よく似ていることに気が付きます。v * 2、v.length以外はまるっきり同じです。

そもそも、map処理自体が「各要素に何らかの処理を行って新しいリスト・配列を作る」なので、この「何らかの処理」以外は、当然、同じ処理になります。

同じコードが何度か出てきたら、関数などで共通化するのがプログラミングのお作法ですが、これはどう共通化すればいいのでしょうか?

このmap処理を共通化するとしたら、以下のような関数になると思いますが、問題は「何らかの処理」です。

```JS
function myMap(arr) {
    const newArr = [];
    for (const v of arr) {
        newArr.push(「何らかの処理」);
```

```
        }
    return newArr;
}
```

この「何らかの処理」で何をするべきかを知っているのは、myMap 関数を呼び出す側です。myMap 関数の定義側では、どのような処理かはまったく想定できません。ということは、「何らかの処理」を関数呼び出し側から指定してもらう必要があります。

この解決策の一つが、myMap 関数の引数として「何らかの処理」をもらうことです。ここで思い出してほしいのですが、関数もただの値です。つまり、関数は引数に渡すことができるのです。myMap 関数を呼び出す側で関数を引数に入れてもらって、myMap 関数内ではその渡された関数を実行するのが良さそうです。

というわけで、myMap 関数はこうなります。

```JS
function myMap(arr, fnc) {
    const newArr = [];
    for (const v of arr) {
        newArr.push(fnc(v));
    }
    return newArr;
}
```

fnc という引数を受け取って、それを fnc(v) として呼び出しています。このように、関数を引数で受け取る関数が高階関数になります。

数値や文字列の値を受け取るのが引数の役割ですが、それが処理を受け取るわけです。まるで、関数の処理の中に穴が空いていて、その穴を埋めてもらうことで処理を完成させるイメージです（**図1-7-B**）。

図1-7-B●高階関数のイメージ

引数で渡す　　　処理（関数）

高階関数

高階関数は新しい共通化の方法を提供しています。これは非常に強力なので、Python や JavaScript は多くの高階関数を用意しているのです。

▌ちょっとした処理を書くのに便利な無名関数

　高階関数が便利なのはわかりましたが、この高階関数を呼び出す側にはちょっと面倒な部分があります。というのも、「2倍したい」や「文字列長に変換したい」といった処理をいちいち関数として定義するので、やや大げさになってしまうのです。

```JS
function doubleFnc(x) {
    return x * 2;
}

myMap([1, 2, 3], doubleFnc); // [2, 4, 6]
```

　このように、いちいち `doubleFnc` 関数を定義するのはちょっと面倒です。関数名を真面目に考えないといけませんし、関数として定義すると、どうしても「ちゃんと管理する」対象という認識を持ってしまうので、大げさに感じてしまいます。

　ここで活躍するのが、無名関数です。無名関数は、関数をただの値として定義できるので、ちょっとした処理を書くのに便利なのです。

　先ほどのコードは、無名関数を使うと次のように書けます。

```JS
myMap([1, 2, 3], x => x * 2); // [2, 4, 6]
```

　ちなみに、高階関数に渡される関数のことを「コールバック」と呼んだりします。高階関数が、渡した関数を呼び出してくれるので、関数を渡す側は「後でこの関数を呼んでね」という気持ちになります。ですから、コールバック（callback）と呼ばれるのです。

この章のまとめ

　関数の引数についてはPython、JavaScriptとも同じような機能（デフォルト引数、キーワード引数、可変長引数）を提供しています。ただ、その提供の仕方はそれぞれ異なる方法をとっています。デフォルト引数はPythonでは同じ値が利用されるので注意が必要です。JavaScriptはそのようなことはありません。キーワード引数は、Pythonでは関数定義側で特にすることはありません。呼び出し側で仮引数名を指定することになります。これに対して、JavaScriptでは関数定義側でオブジェクトの形式で仮引数を指定し、実引数を渡すときもオブジェクトとして渡します。

　無名関数はPython、JavaScriptともに提供されています。Pythonでは`lambda`式を使って実現します。`lambda`式には文を書くことができないので、高階関数などに渡す用のちょっとした用途がメインになります。JavaScriptでは関数式とアロー関数があります。アロー関数は関数式と比べて少し制限がありますが、簡潔な記述が可能になります。

クラスは現代的なプログラミングでは非常に重要な機能になっています。クラスの機能には様々なものがありますが、おそらく最も重要な機能は、**自由なデータ型を定義でき、それに付随する処理を同じ場所で管理できる**ということでしょう。ユーザーが自由に定義できるデータ型は、専門用語で**抽象データ型**と呼ばれます。つまり、クラスというのは抽象データ型と、それに付随する処理をまとめて管理できる機能だと言えます。

と言われても、わかっている人にはわかるけれども、初めてクラスを学ぶ人には意味がわかりにくいと思います。そこで、クラスの説明をする前に、抽象データ型と、処理を一緒にまとめることがなぜ重要なのかを説明しておきます。

抽象データ型

例として、「ユーザー名の配列が与えられ、一覧で表示する」という処理を考えます。これは非常に単純には以下のように書けます。

```JS
function showUsers(names) {
    for (const name of names) {
        console.log(name);
    }
}

showUsers(["小林", "中村", "大島"]); // 順に表示される
```

簡単ですね。では、この処理に「年齢とロール（役割）の配列も渡すので、一緒に表示してほしい」という要望が来たとします。これを素直に実装すれば、次のようになります（各ユーザーの年齢とロールのデータのインデックスは、ユーザー名のインデックスと同じであるとします）。

```JS
function showUsers(names, ages, roles) {
    names.forEach((name, index) => {
        age = ages[index];
        role = roles[index];
        console.log(`name=${name}, age=${age}, role=${role}`);
    });
}

showUsers(['小林', '中村', '大島'], [34, 41, 29], ['player', 'man
ager', 'player']);
```

　どうでしょうか。何が変わったかというと、最初の実装では for-of 文を使って
いましたが、forEach メソッドに変わっています。最初の実装では names を順番
に表示すれば良かっただけなのですが、2番目の実装では、それではうまくいかな
いので、names から配列の index を取り出して、それぞれのユーザーの情報を取
り出しています（インデックスを取り出すために forEach メソッドを使っていま
す）。やっていることはシンプルなので理解は難しくはないと思います。

　が、このコードはイケてません。このコードが最もイケていないのは、年齢、ロー
ルの情報を index を使って取り出している点です。そもそも配列の各データの
同じ index が同じユーザーの情報だという前提を知らないと、このコードが正し
いかどうか判断できません。それに、同じ index から正しいデータを取得できて
いるのかを、確認する必要もあります。

　この例では index の扱いはシンプルですが、一般に index の扱いは難しい場合
があります。例えば、配列の配列などが来てしまうと、複雑になってしまいます。

　このコードの問題点は、名前、年齢、ロールのデータがそれぞれ別の配列とし
て渡されてきて、どのデータが同じユーザーの情報になるのかを、showUsers 関
数が解決しないといけないということです。

　ここで活躍するのが抽象データ型です。抽象データ型としてクラスを利用する
と、このようなコードになります。

```JS
class User {
    constructor(name, age, role) {
        this.name = name;
```

```
        this.age = age;
        this.role = role;
    }
}

function showUsers(users) {
    for (const user of users) {
        console.log(`name=${user.name}, age=${user.age}, role=⏎
${user.role}`);
    }
}

users = [new User("小林", 34, "player"), new User("中村", 41, "m⏎
anager"), new User("大島", 29, "player")];

showUsers(users);
```

　名前、年齢、ロールを持つ User クラスを定義しています。そして、配列の use rs を作成し、showUsers 関数の引数に渡しています。先ほどのコードと違って、どのデータがどのユーザーに紐付くのか一目瞭然です。これが抽象データ型の利点です。

　また、User 型という新しいデータ型が作られたので、関数はそのデータ型を前提に処理を書くことができます。

　ちなみに、データの紐付けだけが問題なのであれば、わざわざクラスを作らなくても、JavaScript のオブジェクトや Python の辞書を使っても同じようなことができます。つまり、以下のように書けます。

JS
```
function showUsers(users) {
    for (const user of users) {
        console.log(`name=${user.name}, age=${user.age}, role=⏎
${user.role}`);
    }
}

users = [{name: "小林", age: 34, role: "player"}, {name: "中村",⏎
 age: 41, role: "manager"}, {name: "大島", age: 29, role: "play⏎
er"}];
```

```
showUsers(users);
```

　今回限りの実装であればこれでも十分で、クラス定義のコードが消えてすっきりしたとも言えます。ただ、オブジェクトや辞書だと、どういう属性を持っているのかを明確にすることがどうしても難しくなるので、関数側で、`name`、`age`、`role`が完全にそろっているのかどうかを考慮する必要が出てきます。

　新しい型として利用していきたいのならば、抽象データ型であるクラスを利用するのが良いでしょう。そうではなく、一時的な処理であれば、オブジェクトや辞書で十分かもしれません。

責務の観点から考えてみる

　抽象データ型を利用しない場合とした場合とで、何が変わったのかを整理してみましょう。ここでは**責務**という考え方で整理してみます。責務というのは、関数・メソッドあるいはクラスなどの「やるべきこと」を指します。

　抽象データ型を利用しない最初の`showUsers`関数の責務は主に次の3つです。

以下を繰り返しのループごとに実行する
- 受け取った引数からユーザーごとの情報をまとめる
- ユーザー情報の表示内容を決める
- ユーザー情報を表示する

　これに対して、抽象データ型を利用した2番目の`showUsers`関数の責務は、

以下を繰り返しのループごとに実行する
- ユーザー情報の表示内容を決める
- ユーザー情報を表示する

となって、**「受け取った引数からユーザーごとの情報をまとめる」という責務が消えている**ことがわかります。抽象データ型がすでにユーザーごとのデータのまとまりを表現してくれているためです。

第1部
第8章

159

基本的に、**関数・メソッドあるいはクラスなどの責務は少ない方が良い**とされています。というのも、責務が多いとそれだけ関数などのコードが複雑になりやすいからです。また、責務が多いと変更される可能性も高くなります。

　この辺りのことは、第3部の第1章でもっと詳しく説明します。今は、抽象データ型を利用することで、やることが減ってすっきりしたとだけ理解しておいてください。

抽象データ型と処理をまとめる

　ところで、先ほどの`showUsers`関数では、

```JS
console.log(`name=${user.name}, age=${user.age}, role=${user.role}`);
```

というコードがありました。これは`User`クラスの属性を列挙しているわけですが、`User`クラスの情報に強く依存した処理だと言えます。このような、**ほかのクラスの属性に強く依存した処理は、少し危険**です。

　例えば、`User`クラスに新しい属性が追加された場合、この処理も変更しなくてはいけません。**問題は、その変更の必要性に気付けるかどうかですが、一般に、それは簡単なことではありません**。「ユーザーの情報を表示していた処理があったな」と覚えていれば良いのですが、覚えていない場合、「何か変更が必要な箇所はないか」と全コードをチェックする必要があります。

　この問題を解決するには、`User`クラスに強く依存した処理はなるべく1カ所にまとめて定義することです。そうすれば`User`クラスに属性追加などの変更を加える場合も、どこをチェックすれば良いのかすぐにわかります。

　では、どこにそのような処理を定義すれば良いのかというと、もういっそ`User`クラスと同じ箇所に定義するのが良さそうです。これをやってくれるのが抽象データ型と、それに関する処理をまとめて管理できるクラスの機能ということになります。コードにすると次のような感じです。

```JS
class User {
    constructor(name, age, role) {
        this.name = name;
        this.age = age;
        this.role = role;
    }

    toString() {
        return `name=${this.name}, age=${this.age}, role=${thi
s.role}`;
    }
}

function showUsers(users) {
    for (let user of users) {
        console.log(user.toString());
    }
}

users = [new User("小林", 34, "player"), new User("中村", 41, "m
anager"), new User("大島", 29, "player")];
showUsers(users);
```

Userクラスに`toString`というメソッドを加えました。`toString`の中身は先ほどまで`showUsers`関数で行っていた処理のままです（ただし、属性へのアクセスは`this`からのアクセスになっています）。

そして、`showUsers`関数はその`toString`メソッドを呼び出すように変更しています。こうすると新しい属性が追加されるような変更の場合でも、Userクラスを見ればどこを修正しなくてはいけないかがすぐにわかるので、安全に変更できそうですね。

ちなみに、`toString`メソッドを変更する場合も、全コードから`toString`メソッドの呼び出し箇所を検索すれば良いので、変更箇所を見つけることは比較的容易になります。

責務の観点から考えてみる

ここでも責務の観点から考えてみましょう。`toString`メソッドを利用する前の

showUsers関数の責務は主に、

　以下を繰り返しのループごとに実行する
　- **ユーザー情報の表示内容を決める**
　- **ユーザー情報を順番に表示する**

となっています。
　これに対して、最終的なshowUsers関数の責務は、

　以下を繰り返しのループごとに実行する
　- **ユーザー情報を順番に表示する**

です。つまり、「ユーザー情報の表示内容を決める」という責務が消えています。この責務をUserクラスに移したからです。これでさらにshowUsers関数はやることが減って、とてもすっきりしましたね。

情報の観点から考えてみる

　今度は、**この関数が知っている情報**という観点から考えてみましょう。toString メソッドを使う前は、showUsers関数はUserクラスにあるname、age、roleという3つの属性を使って処理していました。このように、ほかのクラスなどの属性やメソッドを使うことを、そのクラスの情報を**知っている**と表現します。
　つまり、showUsers関数はUserクラスが3つの属性を持っていることを知っている状態になります。あるいは、Userクラスの全属性を知っていると言ってもいいでしょう。これは、showUsers関数がUserクラスのことを非常によく知っているということになります。
　このような、**ほかのクラスをよく知っている処理というのは注意が必要です。そのクラスがちょっとでも変更されると、その影響を大きく受けてしまう可能性があるからです。**
　表現を変えると、Userクラスの情報がshowUsers関数に**知られすぎている状**態とも言えます。Userクラスのことを一番よく知っているのはUserクラスであるべきです。そうすれば、Userクラス内の変更の影響をなるべくUserクラス内に

閉じ込めることができるからです。

　そこで、`showUsers` 関数内での `User` クラスの情報を減らすために、メソッドを定義し、それを呼んでもらうようにしました。こうすることで、`showUsers` 関数は「`User` クラスは `toString` メソッドを持っている」という情報だけを知っていることになり [*1]、`User` クラスと `showUsers` 関数との結び付きをぐっと弱めることができました。

　このように、クラスを使うと、ほかの関数などに自分の情報をあまり漏らさないようにできるのです。

[*1]　もちろん、toStringメソッドでやりたいことを実現できるという情報も知っています。

クラスの基本

　先の説明ですでに出てきていますが、**クラスは基本的に、フィールドと処理をまとめた機能**になります。フィールドは**属性**や**プロパティ**、**メンバー変数**とも呼ばれます。処理は**メソッド**や**メンバー関数**とも呼ばれます。また、オブジェクトを初期化する特別な処理は、**コンストラクタ**と呼ばれます。

　このように、クラスには新しい用語や概念が数多く登場します。ですので、まず、JavaScriptを例にクラスの機能をざっと解説し、その後にPythonでどう書くかを解説したいと思います。

　また、クラスには多くの機能があり、一度に解説すると難しく見えてしまうので、この章ではクラスの基本機能のみを紹介します。

JavaScriptのクラスの基本

　すでに何度か出てきていますが、JavaScriptでクラスを定義するには次のように書きます。

```JS
class User {
    constructor(name) {
        this.name = name;
    }
}

const user = new User("中村");
console.log(user.name); // 中村
```

　構文は以下の通りになります。

```JS
class クラス名 extends 親クラス {
    フィールド定義

    constructor(引数) { 処理 }
```

```
    メソッド定義
}
```

フィールド定義、コンストラクタ定義、メソッド定義、そして`extends 親クラス`のすべてが省略可能です。なので、最もシンプルなクラス定義はこうなります。

```JS
class User {}
```

フィールド定義

フィールドには、**インスタンスフィールド**と**クラスフィールド**があります。また、privateかpublicかの違いがあります。

インスタンスフィールド

インスタンスフィールドは、今までに登場した普通のフィールドのことです。

```JS
class User {
    name = "名無し";
}

const user = new User();
console.log(user.name); // 名無し
user.name = "中村";
console.log(user.name); // 中村
```

インスタンスは英語で「実態」や「実例」を意味する言葉です。例えば、上のサンプルコードの`User`クラス自体は具体的な個々のユーザーのデータを表すわけではなく、「ユーザーデータはnameフィールドを持つ」ということを定義しているに過ぎません。具体的なユーザーのデータは、この定義に従って「中村という名前を持つユーザーデータ」や「小林という名前を持つユーザーデータ」などを作ることになります。

このように、**クラスはデータのひな型**であり、その**ひな型に従って作られた個々のデータをインスタンスと呼びます**。上のサンプルコードで言うと、変数`user`に

格納されている値がUserクラスのインスタンスになります。

　インスタンスフィールドとは、このインスタンスに紐付いたフィールドです。上のサンプルコードだと、nameがインスタンスフィールドで、インスタンスごとに違う値にできます。なお、上のサンプルコードでは、nameの初期値として"名無し"という文字列を設定しています。

　ちなみに、インスタンスフィールドの値を上書きしても、デフォルト値は変更されません。上のサンプルコードでは、インスタンスフィールドのnameに"中村"を設定していますが、別のインスタンスのデフォルト値は元の"名無し"のままです。

```JS
const user = new User();
console.log(user.name); // 名無し
user.name = "中村";
console.log(user.name); // 中村

const otherUser = new User();
console.log(otherUser.name); // 名無し
```

インスタンスフィールドの定義

　インスタンスフィールドを定義するには、主に3つの方法があります。

　1つ目は、先ほどの例のように、クラス直下に定義する方法です。

```JS
class User {
    name = "名無し";
}
```

　2つ目は、メソッドやコンストラクタ内でthis.変数名 = 値として代入して、フィールドを作成する方法です。

```JS
class User {
    constructor(name) { this.name = name; }
}
```

```js
const user = new User("中村");
console.log(user.name); // 中村
```

そして、3つ目は、クラスの外側から代入して作ってしまう方法です。

```js
JS
class User {
}

const user = new User();
user.name = "中村";
console.log(user.name); // 中村
console.log(user);      // User { name: '中村' }
```

最後の3つ目は、クラス定義にはないフィールドの設定なので利用には十分な注意が必要です。また、この方法は該当するインスタンスだけに反映されます。別のインスタンスを生成して確かめてみましょう。

```js
JS
console.log(user); // User { name: '中村' }

const otherUser = new User();
console.log(otherUser.name); // undefined
console.log(otherUser);      // User { }
```

ちなみに、なぜこのようなことが可能かというと、**クラスのインスタンスといっても、実体としてはJavaScriptのオブジェクト**だからです。つまり、以下のコードと意味合いは同じです。

第1部
第8章

```js
JS
const user = {}; // Userクラスのインスタンスではなく、ただのオブジェクト
user.name = "中村";
console.log(user.name);
```

JavaScriptのオブジェクトは後からいくらでも属性を追加できます。なので、クラスのインスタンスでも同様のことが可能なのです。

フィールドの定義としては1つ目の定義が最も明確なので、なるべく1つ目の方

法で定義するのが良いでしょう。

　ただし、2番目の方法もコンストラクタ内で定義するのであれば理解しやすいので、よく使われます。なお、メソッド内でも同様に定義できますが、メソッド内で定義してしまうと、そのメソッドが呼ばれたのかどうかでフィールドの有無が変わってきてしまうので、利用には注意が必要です。

クラスフィールド

　クラスフィールドは、クラスに紐付くフィールドです。個々のインスタンスに依存しないデータをクラスフィールドとして定義します。

　JavaScriptではこのように定義します。

```JS
class User {
    static defaultName = "名無し";
    name = User.defaultName;
}

console.log(User.defaultName); // 名無し

const user = new User();
console.log(user.name); // 名無し
```

　`static 変数名`と書くと、それがクラスフィールドになります。今は`defaultName`というクラスフィールドを定義しています。そして、インスンタンスフィールド`name`の初期値を、`defaultName`で設定しています。

　クラスフィールドには`クラス名.クラスフィールド`という形式でアクセスします。

　あるいは、インスタンスメソッド中で、`this.constructor.クラスフィールド`という形式でアクセスします。`this.constructor`でクラスにアクセスし、そこからクラスフィールドにアクセスしています。また、少しややこしいですが、クラスメソッドの中では`this`がクラス自身を指すので、`this.クラスフィールド`でアクセスできます。

　クラスフィールドの書き換えは注意が必要です。というのも、全インスタンスに影響してしまう可能性があるからです。

```JS
User.defaultName = "名前はまだない";

const otherUser = new User();
console.log(user.name); // 名前はまだない
```

> **コラム** ┃ **JavaScriptのstaticの意味**
>
> static は英語で「静的」という意味です。静的の反対は「動的」ですが、いつが動的で、いつが静的なのかというと、実は色々なタイミングがあります。
>
> 静的と言うと、完全に何の動き（処理）もないように聞こえますが、実はそうでもありません。例えば、コンパイル言語にとっての「実行時ではないタイミング」としてコンパイル時があります。このコンパイル時にある種のコードを実行することがあります。
>
> ```
>  int i = 2 * 3;
> ```
>
> のようなコードがあった場合、この i の初期値は確実に6だとわかります。であれば、実行中に計算を行う必要はなく、最初から、
>
> ```
>  int i = 6;
> ```
>
> と計算してあげる方が良さそうです。こういう風に部分的にコードを「実行」してくれる場合があります。これはある種の最適化処理ですね。
>
> コンパイル言語でなくても、上記のようなコードが書かれたファイルが読み込まれた時点で、6に最適化してしまうことも可能です。または、上記のようなコードがクラス内にあるとき、そのクラスが利用されるタイミングで初めて最適化を行うこともできます。
>
> いずれも、そのクラスにとっては「実行前」であり、「静的」なのです。
>
> JavaScriptにとっての「静的」がいつなのかと言えば、それは「クラスの定義を読み込んだ（ロードした）とき」です。クラスフィールドは、ロードされた時点で値が決まるので「静的」なのです。
>
> ちなみに、インスタンスフィールドは、インスタンス化処理が実行されないと絶対に生成されません。実行が前提なので、それは静的ではなく動的です。

privateフィールド

インスタンスフィールドかクラスフィールドかは、インスタンスとクラスのどちらに紐付くフィールドか、という違いでした。これに対して、privateかpublicかというのは、**クラスの外からアクセス可能かどうか**という観点での分類になります。

privateフィールドは、同じクラスのメソッドやコンストラクタなどの中でしか利用できないフィールドです。逆に、publicフィールドは、どこからでもアクセスできるフィールドです。ここまで利用していたフィールドは、すべてpublicフィールドでした。

JavaScriptでprivateフィールドが利用可能になったのは、**ECMAScript 2022から**です。つまり、最近加わった新しい機能です。

privateフィールドの定義は以下のようになります。

```JS
class User {
    #realName = "本名";

    showName() {
        console.log(this.#realName);
    }
}

const user = new User();
user.showName(); // 本名

console.log(user.#realName); // Uncaught SyntaxError: Private ⤵
field '#realName' must be declared in an enclosing class
```

#（ハッシュ）変数名がprivateフィールドの定義になります。同じクラスの`showName`メソッド内ではprivateフィールドを読み込めていますが、クラスの外でprivateフィールドにアクセスしようとすると、ちゃんとエラーにしてくれます。

ところで、**#変数名**というのはかなり違和感のある書き方ですよね。何でこんな文法になったのかは、**コラム「JavaScriptのprivateフィールド」**を参照してください。

JavaScriptのprivateフィールドは、継承した子クラスでは直接参照できないの

で注意してください。

　また、クラスフィールドも private にすることが可能です。

```JS
class User {
    static #defaultName = "名無し";
    name = User.#defaultName;
}

console.log(User.#defaultName); // SyntaxError: Private field ⤸
'#defaultName' must be declared in an enclosing class
```

コラム　JavaScriptのprivateフィールド

　JavaScriptのprivateフィールドはかなり違和感のある定義になっています。これは、従来の言語仕様と実行速度のバランスで決定された文法のようです。
　もっと自然な文法として、

```
class User {
    private realName = "本名";
}
```

とすることもできます。しかし、この場合問題になるのは、

```
const user = new User();
user.realName = 1;
```

という代入をされたときに、どういう挙動が妥当かということです。「え、privateフィールドへの代入なんだからエラーにすればいいじゃないか」と思われるかもしれません。確かにそれはその通りですが、これは既存のJavaScriptの仕様と衝突します。
　インスタンスフィールドの定義のところで紹介しましたが、インスタンスフィールドは後からいつでも追加できてしまいます。これは、JavaScriptではクラスのインスタンスであっても、実体はただのオブジェクトだからです。つまり、以下のようなコードがただのオブジェクトやクラスのインスタンスに対しても実行できます。

```JS
const x = {}; // 何も持たない空オブジェクト
x.realName = 1; // 後からrealNameを追加
```

このように後から追加できるわけです。この観点からすると、`user.realName = 1`は今まで通り、新しいフィールドとして定義されるべき、と考えられます。これが、単純に`user.realName = 1`をエラーにして良いのかどうかを難しくしている点です。

　単純にエラーにしてしまうと、もしかしたら既存コードで先ほどのような後からのフィールド追加を行っているコードが壊れるかもしれません。一方で、そういう問題があったとしても、エラーにしてしまおうというスタンスもあります。

　しかし、今度は実行速度に問題が出てしまいます。`user.realName = 1`という処理があるたびに「この`realName`はprivateではないか」というチェックが行われることになります。

　Javaのようにコンパイル時に型が決定できる言語であれば、どのフィールドがprivateなのかは事前に把握できます。しかし、JavaScriptは動的に型を決定するため、事前にどのフィールドがprivateかを知ることができません。

　そのため、publicであれprivateであれ、フィールドを利用するたびに毎回「これはprivateではないか」というチェックを行う必要があります。

　オブジェクトのフィールドへのアクセスというのはコードの至る所に現れます。その度にチェックを行っていると、全体でぐっと速度が遅くなってしまいそうです。現代はマシン性能が向上しているとはいえ、さすがにこのオーバーヘッドは厳しそうです。

　というわけで、`private realName = "本名"`という自然な書き方は諦め、ひと目でprivateフィールドにアクセスしているのだと理解できる文法が採用されました。そして独特の文法として#が採用されたというわけです。ちなみに、なぜ#だったかというと、使いやすい記号で既存の文法と衝突しない記号が#だったためです。

コンストラクタ・メソッド定義

　コンストラクタもメソッドも、どちらも処理を記述するための機能です。大雑把に、**クラスで定義されている関数**と理解してもいいかもしれません。

コンストラクタ定義

　コンストラクタは、**クラスのインスタンスが生成される際に1度だけ実行される初期化用の処理**になります。すでに何度か出てきていますが、以下のように`constructor`で定義します。

```js
JS
class User {
    constructor() {
        console.log("called");
    }
}
```

このコンストラクタはnew演算子によって呼び出されます。

```js
JS
new User(); // called
```

ちなみに、コンストラクタで、returnで値を返すことはできますが、返された値は無視されます。

コンストラクタでは関数と同様に引数を利用できます。

```js
JS
class User {
    constructor(name) {
        this.name = name;
    }
}

const user = new User("中村");
console.log(user.name); // 中村
```

メソッド定義

メソッドはフィールドと同様に、インスタンスなのかクラスなのか、privateなのかpublicなのかという違いがあります。今までの例に出てきたものは、すべてpublicなインスタンスメソッドです。

インスタンスメソッドの定義

インスタンスメソッドは以下のように定義して、呼び出します。基本的に関数と同じ機能が使えます。

```JS
class User {
    setName(name) {
        this.name = name;
    }
}

const user = new User();
user.setName("中村");
```

インスタンスメソッド内での this はインスタンスそのものを指します。また、明示的に return しない場合、undefined が返り値になります。

クラスメソッドの定義

クラスメソッドはクラスフィールドと同様に static を付けたメソッドです。呼び出し方もクラスフィールドと同様です。

```JS
class User {
    static defaultName = "名無し";

    static showDefaultName() {
        console.log(this.defaultName);
    }
}

User.showDefaultName(); // 名無し
```

クラスメソッド内の this はクラス自身を指します。クラスメソッド内でクラスメソッドやクラスフィールドを呼び出すには、クラスメソッド内の this を通じて、this.defaultName のようにアクセスします。

インスタンスメソッド内でクラスメソッドにアクセスするには、フィールドの場合と同様に、クラス名.クラスメソッド() と書いて呼び出すか、this.constructor.クラスメソッド()（この this はインスタンス）と書いてアクセスします。

174

private メソッドの定義

privateメソッドも privateフィールドと同様に # メソッド名で定義します。

```JS
class User {
    #log() {
        console.log("called");
    }

    showLog() {
        this.#log();
    }
}

const user = new User();
user.showLog(); // called
```

クラスメソッドに対しても、privateメソッドを定義できます。また、JavaScriptのprivateメソッドは継承した子クラスでは直接利用できないので、注意してください。

Pythonのクラスの基本

JavaScriptを通してクラスの基本機能を見てきました。クラスには、フィールドとメソッド（あるいはコンストラクタ）があり、それぞれクラスフィールド/メソッド、インスタンスフィールド/メソッド、publicフィールド/メソッド、privateフィールド/メソッドという機能があることを紹介しました。これらは、オブジェクト指向プログラミング言語と呼ばれる言語では大抵提供されている、基本的な機能と言えます。

では、Pythonではどうでしょうか。Pythonでは、フィールドとメソッドは提供されているのですが、privateフィールド/メソッドはありません。また、クラスメソッドとは別にスタティックメソッドというものがあります。このように、**Pythonのクラスはやや特殊**なところがあります。

まず、基本的なクラス定義を見てみましょう。

```python
class User:
    def __init__(self, name):
        self.name = name


user = User("憲剛")
print(user.name)
```

User クラスを定義して、コンストラクタを呼び出し、インスタンスフィールドの name にアクセスしています。

構文は以下の通りになります。

```python
class クラス名:
    クラスフィールド定義

    def __init__(self, 引数):
        初期化処理(インスタンスフィールドの定義含む)

    def メソッド(self, 引数):
        処理(インスタンスフィールドの定義含む)
```

クラスフィールド定義、__init__、メソッド定義のいずれも省略可能です。ちなみに、最も何もしないクラス定義は以下のようになります。

```python
class User:
    pass
```

pass は「何もしない処理」を意味します。空のメソッド（関数）や空のクラスを定義する際に、"仮の中身" として pass と書くことがしばしばあります。

インスタンスフィールドとクラスフィールド

Python にもインスタンスフィールドとクラスフィールドがあります。用途自体は JavaScript と同様です。クラスに紐付くのがクラスフィールドで、インスタンスに紐付くのがインスタンスフィールドです。

しかし、定義の方法は異なります。JavaScriptではインスタンスフィールドもクラスフィールドも、どちらもクラスの定義直下で定義できます。一方、Pythonでは、インスタンスフィールドをクラス定義直下で定義することはできず、クラスフィールドしか定義できません。

インスタンスフィールドはコンストラクタやメソッド内でのみ定義できます。

```Python
class User:
    default_name = "名無し"
    def __init__(self, name):
        if name is not None:
            self.name = name
        else:
            self.name = User.default_name


named_user = User("憲剛")
print(named_user.name) # 憲剛

no_name_user = User(None)
print(no_name_user.name) # 名無し
```

クラス定義直下に書かれている`default_name = "名無し"`がクラスフィールドの定義です。そして、`__init__`コンストラクタの中の`self.name = name`などの部分が、インスタンスフィールドの定義になります。

ちなみに、`self`はJavaScriptの`this`と同じ意味になります。

クラスフィールドの混乱

`default_name = "名無し"`の記述は、JavaScriptのインスタンスフィールドの定義にそっくりです。JavaScriptのように、クラス定義直下に書かれたフィールドをインスタンスフィールドとする言語は多いです。そのため、Pythonでもクラス定義直下でインスタンスフィールドを定義できると勘違いされることが少なくありません。実際、ここでハマっている人をよく見かけます。

さらにややこしいことに、Pythonでは`self.フィールド名`でクラスフィールドにアクセスできてしまいます。これが混乱に拍車をかけています。

`self.フィールド名`は基本的に、インスタンスフィールドへのアクセスです。で

すが、**フィールド名**がクラスフィールドならクラスフィールドにアクセスしてしまうのです（クラスフィールドとインスタンスフィールドで同名のフィールドがある場合は、インスタンスフィールドが優先されます）。

例えば以下のコードを見てください。

```Python
class User:
    default_name = "名無し"
    def show_default_name(self):
        print(self.default_name)

    def set_default_name(self, new_name):
        self.default_name = new_name


user = User()
user.show_default_name()  # 名無し
user.set_default_name("憲剛")
user.show_default_name()  # 憲剛

other_user = User()
other_user.show_default_name()  # 名無し
```

最初の`user.show_default_name()`で名無しが表示され、次の`user.show_default_name()`では憲剛が表示されています。

そして、別のインスタンスである`other_user`を作って、`other_user.show_default_name()`を実行すると、名無しが表示されました。これはまるで`default_name = "名無し"`がインスタンスフィールドの初期化を行っているように見えませんか？ `User`のクラス定義直下の`default_name`がインスタンスフィールドの定義です、と説明されても納得してしまいそうです。

ですが、実際にはそうではありません。これは何が起きているのかというと、最初の`user.show_default_name()`でアクセスしているのは、クラスフィールドの`default_name`なのです。そして、`user.set_default_name("憲剛")`でインスタンスフィールドの`default_name`が定義され、2回目の`user.show_default_name()`でアクセスしているのはそのインスタンスフィールドの`default_name`になっているのです。

other_userではまだインスタンスフィールドのdefault_nameが定義されていないので、other_user.show_default_name()では再びクラスフィールドのdefault_nameにアクセスしています。

この例であれば、クラスフィールドの定義がインスタンスフィールドの定義のように見えても、あまり困ることはなさそうです。しかし、以下のような例では問題が発生します。

```Python
class Player:
    scores = []
    def add_score(self, score):
        self.scores.append(score)


player = Player()
print(player.scores) # []
player.add_score(1)
print(player.scores) # [1]

other_player = Player()
print(other_player.scores) # [1]
```

scoresフィールドを定義しています。playerに関しては、scoresの初期値が空リストで、リストに値を追加すると、ちゃんと反映されていて問題なく動いているように見えます。

問題は、other_playerがscoresにアクセスすると、初期値が空リストではないことです。これはscoresフィールドがクラスフィールドだからです。クラスフィールドは各インスタンスで共通の値になるので、それを更新すれば当然ほかのインスタンスでも更新された値を参照することになります。

Pythonのクラスフィールドは、一見インスタンスフィールドの定義のように見えますし、そう見えても問題ない場合があります。ですが、クラスフィールドの定義はインスタンスフィールドとは異なるのだということを明確に理解しておいてください。

クラス外からのフィールド定義

JavaScriptのオブジェクトではフィールドをオブジェクトの外から定義できまし

た。

```js
sample1 = {};
sample1.foo = 10;
sample1.foo; // 10
sample1; // { foo: 10 }
```

　このようなフィールドの定義は、Pythonのインスタンスフィールド、クラスフィールドでも可能です。
　インスタンスフィールドでは以下のような形になります。

```python
class Sample:
    def show_foo(self):
        return self.foo


sample1 = Sample()
sample1.foo = 10
sample1.foo # 10
sample1.show_foo() # 10

sample2 = Sample()
sample2.foo # AttributeError: 'Sample' object has no attribute
'foo'
sample2.show_foo() # AttributeError: 'Sample' object has no at
tribute 'foo'
```

　まず、Sampleクラスにfooフィールドを参照するshow_fooメソッドを定義しています。しかし、このfooフィールドは初期化されていないので、このままshow_fooメソッドを呼ぶとエラーになります。ですが、Sampleクラスのインスタンスsample1に対してfooフィールドへの値の代入を行うと、sample1インスタンスにfooフィールドが作成されます。そしてshow_fooメソッドが実行可能になります。
　また、このfooフィールドが作られるのはsample1インスタンスだけなので、新しいsample2インスタンスにはfooフィールドが未定義です。
　クラスフィールドもインスタンスと同様で、クラスに対してフィールドを定義で

きます。

```Python
Sample.baa = 20
Sample.baa  # 20
```

このようなフィールド定義は時として便利ではありますが、あまり使いすぎるとクラス定義とずれが出て混乱してしまうので、注意してください。

Pythonのprivate

前述の通り、Pythonにはprivateフィールド/メソッドが存在しません。その代わり、Pythonでは_で始まる変数・メソッドを**publicではないとする習慣があります**。例えば、**_name**のようなフィールドを「publicではない」と考えるわけです。これはあくまでも習慣なので_nameフィールドにクラスの外からアクセスすることは可能です。

一方、__（アンダースコアが2つ）で始まり、最後が_1つ以下で終わるフィールド/メソッドには**名前マングリング**という特殊な処理が加えられます。これは、フィールド名を**_クラス名__フィールド名**という名前に書き換えてしまう機能です。

例えばUserクラスに**__name**というインスタンスフィールドがあったとします。

```Python
class User:
    def __init__(self, name):
        self.__name = name


user = User("憲剛")
print(user.__name)  # エラー
```

この状況で**user.__name**へのアクセスは「そんなフィールドは知らない」というエラーになります。これはPythonが**__name**というフィールドを**_User__name**というフィールド名に自動で書き換えているからです。なので_User__nameであればアクセス可能です。

第1部
第8章

```
print(user._User__name) // 憲剛
```

　かなり特殊な処理ではありますが、これならうっかりアクセスしてしまう可能性もぐっと低くなります。

　Pythonでprivateフィールド/メソッドを定義する場合は、名前マングリングが有効になるように`__`（アンダースコアが2つ）で始まり、最後が`_`1つ以下で終わるように命名してください。

　ちなみに、この機能の影響で、継承した子クラスでは`self.__name`のように直接アクセスできません。クラス名が子クラスになるので、名前マングリングの結果が変わるためです。

コラム　private機能と抜け穴

　「ちゃんとしたprivate機能がないなんて、Pythonは危険だ」と思われるかもしれませんが、private機能は便利な半面、難しい問題もあります。

　まず、Python以外の多くの言語（JavaやRubyなど）のprivate機能も、実は本当にprivateであるわけではありません。privateフィールドにアクセスする抜け穴的な方法が提供されている場合がほとんどです。

　では、privateなのに結局はアクセスを許可する言語が多いのはなぜでしょうか。いくつかの理由がありますが、大きな理由としてはテストやデバッグのためです。エラーが起きたときに、エラーになったオブジェクトの状態を知りたいということは頻繁に起きます。そのときに、privateにアクセスできると非常に便利だからです。あるいはメタ的な処理、例えばRuby言語を使って何かの小さなプログラミング言語を作るような場合にも便利です（このような言語をDSLと呼んだりします）。

　便利だから抜け穴を用意するわけですが、そうすると結局は「普通の状況ではそんな抜け穴を利用しない」というプログラマーの常識や習慣に頼っているに過ぎないのです。このように、private機能は便利さと危険性の釣り合いの中で提供されているものなのです。

　そう思うとPythonのようなスタンスも少し理解できますね。

　ちなみに、JavaScriptのprivate機能は抜け穴を許していない真のprivate機能で、「ハードprivate」なんて呼ばれています。

　Pythonにおける、アンダースコアと変数・関数名との関係について補足します。アンダースコア2つの名前マングリングを紹介しましたが、それ以外にもルールというか習慣が存在します。

▌先頭に1つのアンダースコアを付ける

　`_name`のような変数です。これは習慣として内部利用であることを示す方法です。アンダースコア1つなので名前マングリング機能は適用されませんが、ほかのファイルへの読み込みでちょっとガードされるようになります。

　Pythonではほかのファイルを読み込むのに`from User import *`のように書く場合があります。これはUserモジュールのpublicな変数や関数を読み込む書き方です。この方法では`_name`のような変数は読み込まれなくなります。

　ただし、`from User import _name`のように直接指定されると読み込まれてしまいます。

▌末尾に1つのアンダースコアを付ける

　`points_`のような変数です。これはPythonの予約語などと衝突を避けるためのコーディングルールです。例えば`class_`のように予約語の`class`との衝突を避けるといった使われ方をします。

▌先頭と末尾にアンダースコアを2つずつ付ける

　特殊属性とか特殊メソッドと呼ばれるもので、簡単に言うと、Python処理系で重視している特別な関数などになります。

　今まで何度も出てきていますが`__init__`メソッドなどがそのような例になります。これはPython処理系が主に使うコーディングルールなので、独自の関数名などを付けないでおきましょう。

▌Pythonのコンストラクタ

　すでに何度も出てきていますが、Pythonのコンストラクタは`__init__`という名前で定義し、第1引数は必ず`self`になります。

　コンストラクタの呼び出しは**クラス名(引数)**です。この**引数**では`self`を除いた引数を渡す必要があります。ちなみに、`self`という名前は習慣的にそう付けてい

るだけで、任意の名前でも動きはします。

```Python
class User:
    def __init__(self, name):
        self.name = name


user = User("憲剛")
print(user.name)  # 憲剛
```

　この User クラスのコンストラクタの引数は self と name の2つですが、User("憲剛")の実引数は1つです。"憲剛" は name に代入されます。

　また、コンストラクタで None 以外の値を return するとエラーになります。

Pythonのメソッド

　インスタンスメソッドの定義は基本的に関数定義と同じです。ただし、第1引数は必ず self である必要があります。この辺りはコンストラクタと同じです。なので、呼び出し時の実引数には self を指定することはありません。

```Python
class User:
    def set_name(self, name):
        self.name = name


user = User()
user.set_name("憲剛")
print(user.name)  # 憲剛
```

　明示的に return しない場合、None が返り値になります。

selfについて

　ところで、この第1引数に self を指定させるのは、**かなり独特な仕様だと思います**。独特すぎて、第1引数に self を書き忘れてエラーを起こすことがちょくちょくあります。

　このため、第1引数の self を書かなくても良いようにしようという提案がされ

たことがあります。ところが、その提案はPython開発者のグイド・ヴァンロッサムさんに却下されました。その際の主な理由を一言で言うと、**「Pythonのメソッドはただの関数である。そして、関数は引数だけで挙動が決まるべきだ」**ということなのです[2]。

実は、Pythonのメソッド、例えば先ほどの `set_name` メソッドは、以下のようにも呼び出せるのです。

```Python
user = User()
User.set_name(user, "憲剛")
print(user.name) # 憲剛
```

もともと `user.set_name("憲剛")` としていたものを `User.set_name(user, "憲剛")` と変えています。まるでクラスメソッドのような呼び出しですね。このように呼ぶと、実引数で `self` を省略できず、明示的に指定する必要があります。

さらに、このようなことも可能です。

```Python
def show_name_fnc(self):
    print(self.name)


user = User()
user.set_name("憲剛")

User.show = show_name_fnc

user.show() # 憲剛
```

`User` クラスとは無関係な `show_name_fnc` 関数を定義し、それを `User.show = show_name_fnc` で `User` クラスに設定しています。すると、何とインスタンスメソッドとして呼び出せるのです。`User` クラスには `show` なんていうメソッドはなかったにもかかわらず、です。これは**メソッドの実体は実はただの関数だ**ということをよく表しています。

*2　http://neopythonic.blogspot.com/2008/10/why-explicit-self-has-to-stay.html

このように、Pythonのメソッドは関数です。そして、関数であるならば、引数ですべてが決定されるべきだ、だから引数で`self`を明示化するのだとグイド・ヴァンロッサムさんは主張しているわけです。

これはJavaScriptの関数・メソッドが`this`を暗黙的に利用できるのと対照的です。JavaScriptでは、`this`を引数に受け取っているわけでもないのにメソッド内で`this`を利用できます。つまり、`this`に暗黙的に依存していると言えます。こういう暗黙の依存が関数としては良くないと、Pythonは考えているわけです。

ちなみに、JavaScriptで`fnc()`のような普通の関数呼び出しをした場合、`this`はグローバルオブジェクトを示します。ところが、同じJavaScriptでも厳格モードで`this`は`undefined`を示します。これもJavaScriptが「厳格に言えば、ただの関数なら引数だけで挙動が決まるべき」だと考えていると捉えられるかもしれません。

クラスメソッドとスタティックメソッド

JavaScriptにはクラスメソッドがありました。もちろんPythonにもあります。さらにPythonにはクラスメソッドとは別に、**スタティックメソッド**もあります。

`Python`
```python
class User:
    default_name = "名無し"

    @classmethod
    def hello_as_classmethod(cls):
        print(f"hello {cls.default_name}")

    @staticmethod
    def hello_as_staticmethod():
        print(f"hello {User.default_name}")


User.hello_as_classmethod() # hello 名無し
User.hello_as_staticmethod() # hello 名無し
```

クラスメソッドとして`hello_as_classmethod`を、スタティックメソッドとして`hello_as_staticmethod`を定義しています。どちらもクラスオブジェクトから呼び出しています。

ですが、定義の仕方は少し違います。まずクラスメソッドの`hello_as_class`
`method`の前に`@classmethod`という記述があります。これは**デコレータ**というも
ので、「`hello_as_classmethod`はクラスメソッドですよ」とPythonに教える
機能になります（デコレータにはこれ以外にも様々な機能があります）。

　そして、`hello_as_classmethod`メソッドの第1引数が`cls`となっていますが、
これはインスンタンスメソッドの`self`と同じようなものです（なので、`cls`とい
う名前も習慣的なものに過ぎません）。

　`cls`にはクラスオブジェクトが渡されます。クラスフィールドには、この`cls`か
らアクセスできます。呼び出し時にはインスンタンスメソッドと同様に、第1引数
は省略します。

　これに対して、スタティックメソッドは`@staticmethod`デコレータで定義し、
第1引数の`cls`のようなものはありません。`User`クラスのクラスフィールドなど
にアクセスしたい場合は、`User`クラスから呼び出す必要があります。このように、
スタティックメソッドはより関数的な利用になります。

　この2つのメソッドは一見同様の機能に見えるので、使い分けがよく議論になり
ます。まず、継承時の挙動は変わります（継承は第2部第1章で解説します）。継
承すると親クラスのメソッドを引き継ぎますが、子クラスからも、親のクラスメソ
ッドやスタティックメソッドを呼び出せます。

```Python
class SpecialUser(User):
    default_name = "特殊な名無し"


SpecialUser.hello_as_classmethod() # hello 特殊な名無し
SpecialUser.hello_as_staticmethod() # hello 名無し
```

　この例では、`User`クラスを継承した`SpecialUser`クラスを定義しています（親
クラスが`User`で、子クラスが`SpecialUser`になります）。また、クラスフィール
ドとして`default_name`を定義しています。同名フィールドが親クラスでも定義
されていますが、クラスフィールドとしては別ものです。

　この状態で`hello_as_classmethod`を呼び出すと、hello 特殊な名無しが表
示されます。つまり、`SpecialUser`クラスの`default_name`が表示されます。こ

れは`hello_as_classmethod`メソッドの第1引数の`cls`が`SpecialUser`になっているためです。

　一方、`hello_as_staticmethod`メソッドは`User`クラスの`default_name`に直接アクセスしているので、`SpecialUser`クラスから呼び出しても結果は変わりません。

　このように、**クラスメソッドは基本的にそのクラスに強く依存するメソッドであり、スタティックメソッドはそこまで依存しないときに定義するメソッド**という分類になります。

dataclassデコレータ

　インスタンスフィールドの定義で、Pythonバージョン3.7以上では、`dataclass`デコレータを利用できます。`dataclass`はインスタンスフィールドの定義などをサポートしてくれる機能です。これは言語の機能ではなく、ライブラリとして提供されている機能になります。

`Python`
```python
from dataclasses import dataclass

@dataclass
class User:
    name: str
    age: int


user = User(name="憲剛", age=41)
user.age # 41
```

　`dataclass`は**デコレータ**という機能を利用しています。デコレータは様々なことを行える機能です。`@dataclass`と書いているのがデコレータの記述で、`User`クラスに設定されています。こうすると、`User`クラスに`dataclass`の機能を付与できます。

　`User`クラスの定義を見ると、`name`、`age`という2つのクラスフィールドが定義されています。また、それらには`: str`と`: int`という型アノテーションが付与されています。

第1章で少し触れましたが、Pythonでは型アノテーションで型情報を書くことができます。ただし、実行時には型アノテーションは無視されますし、型チェックを行うには、別途「mypy」などのツールが必要になります。

`dataclass`は型チェックを行うわけではありませんが、**型アノテーションが付いたクラスフィールドを対象に、インスタンスフィールドとして初期化を行うコンストラクタを自動で生成してくれます。**

この例で言うと、`name`と`age`フィールドを初期化するコンストラクタを自動で生成してくれます。実際、`User`クラスの定義にコンストラクタはありませんが、引数を2つ持つコンストラクタが呼び出せています。

このように、`dataclass`はクラスフィールドの定義を利用して、インスタンスフィールドを自動で生成しているのです[*3]。

また、キーワード引数ではなく、位置引数`User("憲剛", 41)`としても呼び出せます。このときのフィールドの順番は、`User`クラスのクラスフィールドの定義順になります。定義順はいつ変更になるかわからないので、なるべくキーワード引数として呼び出す方が安全です。

ちなみに、型アノテーションを付与していますが、この型に従わなくても動きはします。ただ、ややこしいだけなので型アノテーションには従うようにしましょう。

```Python
user = User(name="憲剛", age="何かの文字列")
user.age # 何かの文字列
```

色々なdataclassの使い方

`dataclass`はコンストラクタを自動生成してくれる以外にも、便利な機能を持っています。

キーワード引数の強制

Pythonバージョン3.10からは`dataclass`でキーワード引数を強制できるようになりました。`kw_only=True`を指定します。

[*3] クラスフィールド定義をインスタンスフィールドの定義にしてしまうというのは、なかなか漢気ある割り切りですね。これは「クラスフィールドの混乱」に拍車をかけそうです。

```Python
from dataclasses import dataclass

@dataclass(kw_only=True)
class User:
    name: str
    age: int



user = User(name="憲剛", age=41) # O.K.
user = User("憲剛", 41) # TypeError: User.__init__() takes 1 po⏎
sitional argument but 3 were given
```

　フィールドの途中からでもキーワード引数を強制できます。KW_ONLY型アノテーションを利用します。

```Python
from dataclasses import dataclass, KW_ONLY

@dataclass
class User:
    name: str
    _: KW_ONLY
    age: int



user = User("憲剛", age=41) # O.K.
user = User("憲剛", 41) # TypeError: User.__init__() takes 2 po⏎
sitional arguments but 3 were given
```

　nameフィールドの下に_フィールドを定義しています。_は利用しない変数を表現する習慣的なもので、フィールド名は何でも構いません。そのKW_ONLY以降で定義されたフィールドはキーワード引数が強制されます。
　特に理由がない限りは、kw_only=Trueを付けておくと良いでしょう。

再代入禁止

　フィールドへの再代入を禁止できます。dataclassにfrozen=Trueを設定するだけです。

```Python
from dataclasses import dataclass

@dataclass(kw_only=True, frozen=True)
class User:
    name: str
    age: int


user = User(name="憲剛", age=41)
user.age = 0 # dataclasses.FrozenInstanceError: cannot assign ↴
to field 'age'
```

　再代入できないので、イミュータブルのように振る舞うデータになります。これが簡単に作れることはとても便利です。

　ただし、再代入を禁止しているだけで、本当のイミュータブルではないことに注意してください。以下の例ではフィールドのリストの中身を変更できています。

```Python
from dataclasses import dataclass
from typing import List

@dataclass(kw_only=True, frozen=True)
class User:
    items: List[str]


user = User(items=[])
user.items # []
user.items.append("book")
user.items # ['book']
```

replace関数

　フィールドへの再代入禁止は非常に便利なので、基本的に `frozen=True` で利用するのが良いかと思います。とは言っても、やはりフィールドの値を変更したくなるときはあります。そのような場合は、次のように `replace` 関数を利用します。

```Python
from dataclasses import dataclass, replace

@dataclass(kw_only=True, frozen=True)
class User:
    name: str
    age: int


user = User(name="憲剛", age=41)
new_user = replace(user, age=14)
new_user.age  # 14
user.age  # 41
```

replace関数の第1引数に変更したいインスタンスを指定し、第2引数以降に
キーワード引数を指定します。こうすると、元のインスタンスをコピーして、指定
した値を持つ新しいインスタンスが作成されます。元のインスタンスは何も変更さ
れません。

フィールドの初期値

dataclassでフィールドに初期値を与えるには、以下のように記述します。

```Python
from dataclasses import dataclass

@dataclass(kw_only=True, frozen=True)
class User:
    age: int
    name: str = "名無し"


user = User(age=41)
user.name  # 名無し
```

クラスフィールドに初期値を与えるとそれがインスタンスフィールドの初期値に
なります。ただし、初期値には2つ注意点があります。

まず、初期値を与えたフィールド以降のフィールドは、すべて初期値が必要で
す。この例では初期値のないageと初期値のあるnameという順番ですが、これが
逆になるとエラーになります。

```Python
from dataclasses import dataclass

@dataclass(kw_only=True, frozen=True)
class User:
    name: str = "名無し"
    age: int  # 初期値の設定がないので、ここでエラー
```

　dataclassではフィールドが定義された順番にコンストラクタの引数の位置が決められます。関数・メソッド定義のところで、デフォルト引数の後の引数はデフォルト引数でないといけない、というルールを説明しました。今、このdataclassでは、nameをデフォルト引数にすると、ageもデフォルト引数にしないとコンストラクタを生成できません。このような理由からageにデフォルト値がないとエラーになるのです。

　ちなみに、デフォルト値を与えるとそのクラスフィールドは外部から参照できるようになります。

```Python
from dataclasses import dataclass

@dataclass(kw_only=True, frozen=True)
class User:
    age: int
    name: str = "名無し"


User.name  # 名無し
User.age  # AttributeError: type object 'User' has no attribute↴
 'age'
```

dataclasses.field

　もう一つの注意点は、ミュータブルなデータをデフォルト値にできないということです。例えば、空リストをデフォルト値にはできません。これは、デフォルト引数が使い回されるためです。デフォルト値がミュータブルなデータではデフォルト値が変わっていってしまい、危険だからです。

```Python
from dataclasses import dataclass
from typing import List

@dataclass(kw_only=True, frozen=True)
class User:
    items: List[str] = []  #ここでエラーになる
```

　そうは言っても、空リストをデフォルト値にしたいこともあります。そのような
ときには`dataclasses.field`を利用します。

```Python
from dataclasses import dataclass, field
from typing import List

@dataclass(kw_only=True, frozen=True)
class User:
    items: List[str] = field(default_factory=list)


user = User()
user.items # []
user.items.append("book")
user.items # ['book']
```

　具体的な初期値を与える代わりに、`field`関数を呼び出しています。`default_factory`で指定された関数がインスタンス化時に実行され、それがデフォルト値になります。この例では、`default_factory`が`list`関数です。`list`関数はリストを作成するための関数です。`User`のインスタンス化時にこの`list`関数が呼ばれ、その結果の空リストが初期値になります。この`default_factory`には引数なしの任意の関数を指定できます。

クラスフィールドだけの作り方

　`dataclass`は、クラスフィールドからインスタンスフィールドを定義します。ですが、クラスフィールドだけを作成したい場合も当然あります。このようなときには`typing.ClassVar`を利用します。

```Python
from dataclasses import dataclass
from typing import ClassVar

@dataclass(kw_only=True, frozen=True)
class Sample:
    clzz_var: ClassVar[str] = "foo"


Sample.clzz_var # foo
Sample(clzz_var="hoge") # TypeError: Sample.__init__() got an ↗
unexpected keyword argument 'clzz_var'
```

　Sampleクラスの定義でclzz_varの型をClassVar[str]にしています。これはstr型のクラスフィールドという型アノテーションになります。確かにclzz_varを外部から呼び出せて、インスタンス化時に指定するとエラーになります。

　ちなみに、型アノテーションを書かなくても通常のクラスフィールドにできます。dataclassは型アノテーションがあるクラスフィールドのみを対象とするため、型アノテーションがなければ通常のクラスフィールドになります。

　ただし、型アノテーションがあったりなかったりするのはコードの意図が不明確になってしまうので、あまり使うべきではありません。

　このほかにもdataclassには色々な機能があります。ぜひ調べて、使ってみてください。

第1部
第8章

この章のまとめ

　PythonとJavaScriptのクラスの基本的な機能は似ています。どちらも、インスタンスフィールド／メソッド、クラスフィールド／メソッドを提供しています。ただ、Pythonには`private`機能がありません。アンダースコアで始まるフィールド名・メソッド名を「習慣として」`private`と見なすようにします。ただし、`__`（アンダースコアが2つ）で始まり、最後が`_`1つ以下で終わるフィールド・メソッドには名前マングリング処理が施され、単純には外部から参照できないようにはなります。

　Pythonのメソッド定義で最も特徴的なのは、第1引数に`self`という仮引数が必要になり、実行時の実引数にはその引数に何も渡さないことです。特徴的すぎて、第1仮引数の`self`を忘れてしまうことがあります。ご注意ください。また、Pythonにはクラスメソッドのほかにスタティックメソッドというものがあります。

　`dataclass`はPythonにある便利なライブラリで、簡単にイミュータブルのようなクラスを作ることができます。

第**2**部

発展編

第1章 クラス

この章では、クラスの発展的な機能を紹介していきます。

継承

　クラスには継承という重要な機能があります。継承とは、**親クラスの機能を子クラスに引き継がせることができる機能**です。PythonとJavaScriptで継承をどう書くのかの前に、継承とはどのような機能でどう使えば良いのかを解説したいと思います。

　まず、継承の簡単な例を見てみましょう。

```JS
class Oya {
    hello() {
        console.log("hello!!");
    }
}

class Kodomo extends Oya {
}

const kodomo = new Kodomo()
kodomo.hello(); // hello!!
```

　Oyaクラスを定義し、それを継承したKodomoクラスを定義しています。JavaScriptでは継承はextendsで行います（Oyaクラス、Kodomoクラスというクラス名はあまり良い名前ではありませんね。ただ、継承関係を明示化するのに便利な名前なので、あくまでも説明のためのクラス名としてご容赦ください）。継承されるクラスは親クラス、継承を行うクラスは子クラスと呼ばれます。

　Kodomoクラスには何のメソッドも定義されていませんが、helloメソッドが呼べています。これが、Oyaクラスの機能を引き継いでいるところです。

　継承には**単一継承**と**多重継承**の2種類があります。単一継承は、親クラスを1つ
だけに限定する方法で、多重継承はいくらでも親クラスを指定できる継承方法で
す。ちなみに、JavaScriptは単一継承だけですが、Pythonは多重継承を許してい
ます。

　先ほどの例で見たように、Kodomoクラスは Oyaクラスのメソッドを利用できま
した。継承するだけで親クラスの機能を利用できるなら、いくらでも継承できた方
が便利です。この考えに立脚しているのが多重継承です。いやいや、それでは複
雑になるから制限しましょうね、という考えが単一継承です。

　実は**継承には便利な故の難しさ**があります。そのため継承に制限を加えたり（単
一継承など）あるいは、**最近ではなるべく継承を回避しようという考えが広がって
います**。そこで本章では、Python と JavaScriptの継承の説明の前に、継承の難し
さについて解説したいと思います。

継承の難しい点

　継承の最も難しい点は、**クラス同士の結び付きが強すぎる**ことです。

　継承は Oyaクラスの機能（メソッドなど）が Kodomoクラスに引き継がれますが、
これは Oyaクラスを変更した際にその影響がすべて自動的に Kodomoクラスに適用
されることを意味します。そもそも、継承はメソッド定義の共通化という側面があ
り、変更が子クラスに自動的に適用されることは当然の結果になります。しかし、
その自動的な変更の適用が常に妥当だと言えるかは簡単な問題ではないのです。

　例えば、先ほどの Oyaクラスを、

```JS
class Oya {
    hello() {
        return "こんにちは!!";
    }
}
```

と書き換えると、Kodomoクラスもこの挙動に変わってしまいます。Kodomoクラ
スにとって、この変更が妥当なのかどうかは、Oyaクラスにはわかりません。Kod
omoクラスの状況によってはバグを生んでしまうかもしれません。

　また、継承では親クラスの（privateではない）全機能が子クラスに取り込まれ

ますが、本当に全機能取り込む必要があるのかはよくよく考えないといけません。本来その子クラスに関係がない機能まで取り込んでしまうと、親クラスの無関係な変更によって子クラスがおかしなことになってしまうかもしれません。

　この問題の解決策としては、継承を**is-a関係**で把握しよう、というものが知られています。また、継承ではなく**委譲**という方法を使うやり方もあります。

is-a関係

　is-a関係は、親クラスと子クラスの関係が、「**子クラスは親クラスの一種だ**」と判断できるかどうか、つまり、is-a関係が成り立つかどうかをもって、継承関係を作ることが妥当かどうかの判断基準にしようという考えです。

　例えば、親クラスが`FootBallPlayer`で子クラスが`GoalKeeper`だった場合、「GoalKeeper is a FootBallPlayer（GoalKeeperはFootBallPlayerの一種だ）」と見なせます。一方、親クラスが`FootBallPlayer`で子クラスが`Time`では「Time is a FootBallPlayer」となって意味が通りません。これではis-a関係が成り立たないため、継承関係が妥当ではないと考えるのです。

　これは、is-a関係であれば、親クラスの変更が子クラスに影響しても、それが比較的自然なことが多いからです。逆に言うと、親クラスの変更が「当然、子クラスに影響してほしい！」と思える関係ならば継承を利用しようということです。

　例えば、`FootBallPlayer`のメソッドとして`attackingCount`（攻撃参加回数を返すメソッド）のようなメソッドがあったとして、この攻撃参加回数のカウントの方法が変更されたとすると、それは当然`FootBallPlayer`の一種である`GoalKeeper`にも適用されるべきです。

委譲

　継承の困難さを克服する方法として、委譲という方法が知られています。委譲は継承を代替する方法で、先ほどの Kodomo クラスを委譲で書き換えるとこうなります。

```JS
class Kodomo {
    constructor() {
        this.oya = new Oya();
```

```
    }

    hello() {
        this.oya.hello();
    }
}

kodomo = new Kodomo();
kodomo.hello(); // hello!!
```

　継承をやめる、その代わり、OyaクラスのインスタンスをKodomoクラスで保持します。そして、Kodomoクラスのhelloメソッド内でthis.oya（Oyaクラスのインスタンス）からhelloメソッドを呼び出しています。このようにKodomoクラスでの処理をOyaクラスにお願いしているため、委譲と呼ばれます。

　こうすると、Oyaクラスの全機能を持ってくることはなく、必要な処理だけを取り込むことができます。ちなみに、これは「KodomoクラスがOyaクラスの機能を持つ」という意味でhas-a関係と呼ばれます。

　ただし、委譲はOyaクラスのインスタンスを保持する必要があったり、委譲用のコードを書く必要もあるので、やや面倒ではあります。

▌多重継承の難しさ

　次に継承の難しい点として、多重継承（いくらでも親クラスを持てる継承機能）の難しさを見ていきましょう。

　まず最初に断っておきますが、**多重継承はとても誤解された機能だと思います**。様々な技術解説の資料を読むと、**まるで多重継承を悪のように書いてあるものが多く見つかりますが、それはあまり正しくない表現に感じます**。特に昨今は継承そのものを避けようという考えがあるため、多重継承は余計に悪だと思われていると感じます。確かに多重継承は複雑になりやすいという側面を持ちますが、注意深く利用すれば、本当に問題になることはそこまで多くはありません。

　では、どういう複雑性があるのかというと、多重継承ではクラスの関係が複雑になりやすいのです。

　多重継承はいくつでも親クラスを持てますが、その親クラスもまた複数のクラスを継承しているかもしれません。あるいは、親クラスをたどると同じクラスを継承

しているかもしれません。そうすると、クラスの継承関係を図で書くとまるで複雑なネットワークのようになってしまう可能性があります（**図2-1-1**）。

図2-1-1●多重継承のイメージ

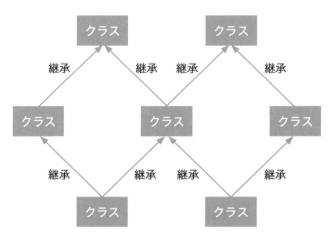

こうなると、親クラスを変更したときに、その影響がどこまで波及するのかを把握するのは難しくなります。

単一継承であればこのようなことは起こりません。親クラスをたどっても一直線にしかならないので（**図2-1-2**）、影響範囲の確認は多重継承よりは簡単です。

図2-1-2●単一継承のイメージ

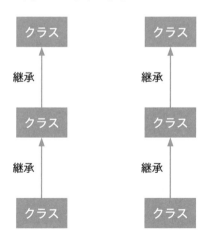

JavaScriptの継承

すでに出てきていますが、JavaScriptで継承は extends というキーワードを用いて行います。また、単一継承のみが許されています。

JavaScriptのクラスはすべて Object クラスの子クラスになります。明示的に何も継承していないクラスでも Object クラスを継承していることになります。このようなクラスを**ルートクラス**、あるいは**基底クラス**と呼んだりします。型関係を見ると、このクラスが頂点になるので、トップ型と呼ばれたりもします。

継承の機能でポイントとなるのは、コンストラクタの扱いと、メソッドのオーバーライド（メソッドの再定義）です。

継承時のコンストラクタの扱い

JavaScriptでは継承した子クラスでコンストラクタを省略した場合、親クラスのコンストラクタが自動で呼び出されます。親クラスが引数ありのコンストラクタを持っていても、自動でそれが呼ばれます。

```JS
class OyaWithArg {
    constructor(arg) {
        console.log(`called with ${arg}`);
    }
}

class KodomoWithArg extends OyaWithArg {
}
```

という場合、

```JS
new KodomoWithArg(1); // called with 1
new KodomoWithArg(); // called with undefined
```

となります。JavaScriptの関数は実引数と仮引数の数が一致しなくても動くと解説しましたが、その特徴が現れているのが引数なしで new したときです。引数あ

りコンストラクタを、引数なしで呼び出すため、変数`arg`は`undefined`になり、「`called with undefined`」と表示されることになります。

　一方、子クラスでコンストラクタを定義した場合、明示的に親クラスのコンストラクタを呼び出す必要があります。呼び出さない場合、`new`時にエラーになります。親クラスでコンストラクタが明示的に定義されていない場合でも、親クラスのコンストラクタを呼び出す必要があります。

　子クラスで親クラスのコンストラクタを呼び出すには`super`を利用します。

```JS
class Oya {
    constructor() {
        console.log("called Oya");
    }
}

class Kodomo extends Oya {
    constructor() {
        super(); // 親クラスのコンストラクタの呼び出し
        console.log("called Kodomo");
    }
}

new Kodomo(); // called Oyaの後にcalled Kodomoが表示される
```

　例では親クラスのコンストラクタを呼び出すために`super()`としています。親クラスのコンストラクタに引数がある場合、`super(arg)`のように引数付きで呼び出します。

　子クラスのコンストラクタ内であれば、`super`をいつ呼び出すかは自由ですが、`this`を利用する前に呼び出す必要があります。

┃ メソッドのオーバーライド

　親クラスのメソッドを子クラスで再定義することをメソッドのオーバーライドと呼びます。オーバーライドといっても、特別な書き方があるわけではなく、通常のメソッド定義で再定義を行います。

```JS
class Oya {
    foo() {
        console.log("Oya foo");
    }
}

class Kodomo extends Oya {
    foo() { // オーバーライドしている
        console.log("Kodomo foo");
    }
}

const kodomo = new Kodomo();
kodomo.foo(); // Kodomo foo
```

　このように書くと、Kodomoクラスのfooメソッドは、Oyaクラスのfooメソッドとは切り離され、Oyaクラスでfooメソッドを変更してもその影響を受けないようになります。

　また、Oyaクラスの元メソッドを利用しながら、子クラスのメソッドをオーバーライドしたい場合もあります。これにはsuperを利用します。

```JS
class Oya {
    foo() {
        console.log("Oya foo");
    }
}

class Kodomo extends Oya {
    foo() {
        super.foo();
        console.log("Kodomo foo");
    }
}

const kodomo = new Kodomo();
kodomo.foo(); // Oya fooの後にKodomo fooが表示される
```

Pythonの継承

Pythonの継承はクラス宣言時に親クラスを並べて書きます。例えば親クラスを3つ継承するなら、以下のように書きます。

```Python
class Kodomo(Oya1, Oya2, Oya3):
    pass
```

Pythonのクラスはすべて object クラスの子クラスになります。明示的に何も継承していないクラスでも object クラスを継承していることになります。

継承時のコンストラクタの扱い

Pythonも、子クラスでコンストラクタを省略すると、自動で親のコンストラクタが実行されます。引数付きのコンストラクタも自動で呼ばれます。

```Python
class OyaWithArg:
    def __init__(self, arg):
        print(f"called with {arg}")


class KodomoWithArg:
    pass
```

という状況では、

```Python
KodomoWithArg(1) # called with 1
KodomoWithArg() # TypeError: Oya.__init__() missing 1 required↗
  positional argument: 'arg'
```

となります。最初の引数付きの呼び出しがちゃんと親クラスのコンストラクタを呼んでいるのがわかります。

そして、引数なしで呼ぶ場合、エラーが起きます。Pythonでは関数呼び出しで

実引数と仮引数が一致しないとエラーですので、当然ですね。

子クラスでコンストラクタを定義した場合、親クラスのコンストラクタ呼び出しを自分で実行する必要があります。JavaScriptと違ってインスタンス化時にエラーにはされません。

```Python
class Oya:
    def __init__(self, name):
        self.name = name
        print(f"Oya {name}")

    def show(self):
        print(self.name)


class Kodomo(Oya):
    def __init__(self, name): # 親クラスのコンストラクタを呼んでいない
        print(f"Kodomo {name}")


kodomo = Kodomo("憲剛") // Kodomo 憲剛
kodomo.show() # AttributeError: 'Kodomo' object has no attribu
te 'name'
```

Oyaクラスでコンストラクタを定義し、その中でnameフィールドを定義しています。そして、OyaクラスをKodomoクラスで継承し、コンストラクタを定義しています。ただし、親クラスのコンストラクタは呼んでいません。

この状態で、Kodomoインスタンスは作成可能です。実際に作成すると、Kodomoクラスのコンストラクタだけが実行され、Oyaクラスのコンストラクタは実行されないことがわかります。

そして、そのインスタンスでshowメソッドを呼ぶと「nameなんて属性は知らない」というエラーになります。これはOyaクラスのコンストラクタを呼び出していないためです。

親クラスを呼び出すにはsuper()を利用します。これを使ってKodomoクラスを書き直すと以下のようになります。

```Python
class Kodomo(Oya):
    def __init__(self, name):
        super().__init__(name)
        print(f"Kodomo {name}")


kodomo = Kodomo("憲剛") # Kodomo 憲剛
kodomo.show() # 憲剛
```

　これで親クラスのコンストラクタも実行され、問題なく動作するようになりました。このように、親クラスのコンストラクタを呼び出さなくても動いてしまうのですが、基本的には親クラスのコンストラクタは呼び出した方が安全でしょう。

コンストラクタの実行順

　Pythonで多重継承した場合、親クラスのコンストラクタがどのように実行されるのかは実は単純ではありません。

　例えば、以下のようにA、B、C、Dのクラスがあるとします。BクラスはAクラスを継承しています。ここでDクラスがBクラスとCクラスを継承したとしましょう（**図2-1-3**）。

```Python
class A:
    def __init__(self):
        super().__init__()
        print("A")


class B(A):
    def __init__(self):
        super().__init__()
        print("B")


class C:
    def __init__(self):
        print("C")
```

```
class D(B, C):
    def __init__(self):
        super().__init__()
        print("D")
```

図2-1-3●A、B、C、Dの関係

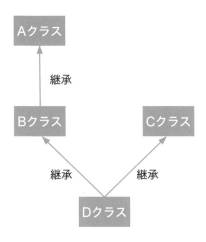

　この状態で、Dクラスのコンストラクタを実行したとします。さて、どのような表示になると思いますか？　これは、

```
C
A
B
D
```

と表示されます。なぜこの順に表示されるのでしょうか？

　実はPythonは多重継承といっても、内部ではまるで単一継承のようにクラスを扱います（図2-1-4）。

209

図2-1-4●多重継承でも、クラスは一列に並べて管理される

この順序は mro というメソッドで確認できます。mro は Method Resolution Order（メソッドの解決順）の略です。メソッドをどういう順番で探しにいくかを表しています。

D クラスのメソッド解決順を見てみましょう。

`Python`
```
D.mro()
```

結果は以下のようになります。

```
[<class '__main__.D'>, <class '__main__.B'>, <class '__main__.↗
A'>, <class '__main__.C'>, <class 'object'>]
```

これは、あるメソッド呼び出しがあったときに、その実装がどのクラスにあるのかを調べる順番になります。最初に D クラスに該当メソッドがあるかを調べ、なければ次に B、A、C と調べ、最後までなければ object クラスを調べるというものです。

今はコンストラクタである `__init__` を調べる挙動になるので、まず D クラスに `__init__` メソッドがあるかどうかを調べます。D クラスに `__init__` の定義

があるので、メソッドの探索はここで終了です。

　ですが、Dクラスの__init__メソッド内でsuper().__init__()が呼ばれているので、今度はDクラスにとっての親クラスの__init__が探されます。ここで、親クラスというのは、先ほどのmroの順になるので、Bクラスになります。

　そして、Bクラスでまたsuperを呼び出すので、次のAクラスが呼ばれ、Aクラスでもsuperの呼び出しがかかるので、Cクラスの__init__が呼ばれます。

　結局、D→B→A→Cの順番に__init__メソッドが呼ばれることになるわけです。そして、printは親の__init__が終わってから実行しているので、C→A→B→Dの順番に表示されたというわけです（図2-1-5）。

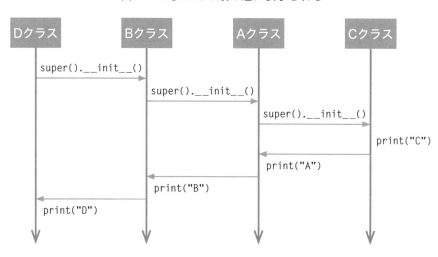

図2-1-5●mroの順の逆に表示される

　ここで注意が必要なのが、Aクラスのsuperです。Aクラスは何も継承していないにもかかわらず、Dクラスのmro順によって、AクラスのsuperがCクラスを意味するようになっています。AクラスとCクラスには本来継承関係がないにもかかわらず、まるでAクラスの親がCクラスになっているようです。これが、**Pythonの多重継承のややわかりにくい点**です。

　さらに、今回は全コンストラクタで丁寧にsuperを呼び出していますが、現実にはそんなに丁寧に呼び出してくれているわけではありません。例えば、Aクラスでsuperを呼び出さなかった場合、何とCクラスのコンストラクタは呼ばれません。

先に説明したように、親クラスのコンストラクタは明示的に呼び出さない限り呼ばれないからです。

でも、Aクラスからすれば何も明示的に継承していないのですから、`super`を呼び出さなくても、それはそれで自然なことです。

こういう場合は、直接Cクラスのコンストラクタを呼ぶことで回避できます。呼び出し方は、`__init__`を関数のように呼び出します。こんな感じです。

```Python
class D(B, C):
    def __init__(self):
        super().__init__()
        C.__init__(self)  # Cのコンストラクタを直接呼び出す
        print("D")
```

このような方法で回避はできますが、ややこしいことには変わりありません。

ちなみに、こういう問題に対応する方法として、コンストラクタが必要な継承は単一継承に限定して、多重継承する場合はコンストラクタがない、つまり状態を初期化する必要がないクラスに限定しようという方法があります。これを **Mix-in** と呼びます。今の例であれば、AクラスやBクラスはコンストラクタがあっても良いが、Cクラス（さらに多重継承するなら、C以降のクラス）はコンストラクタがないクラスに限定するという方法です。そうすれば、この複雑な関係を少しすっきりさせることができます。

コラム　**多重継承の誤解**

多重継承でよく見る誤解を2つほど指摘しておきたいと思います。

1つ目は、ダイヤモンド継承（ひし形継承）が問題だという点です。ダイヤモンド継承というのは、**図2-1-A**のように、大元のAクラスをBクラス、Cクラスが継承し、さらにDクラスがBクラスとCクラスを継承するという関係です。

図2-1-A●ダイヤモンド継承

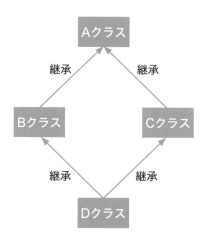

ここで、AクラスのメソッドをBクラスで再定義（オーバーライド）している場合、Dクラスが呼び出すメソッドはAクラスのものかBクラスのものか、どちらなのか、という問題があります。そして、これが問題だから多重継承はダメだと説明している技術文書をちらほら見ます。しかし、これはいくらでも回避方法があります。

実際、多重継承を許可しているプログラミング言語では基本的にこの問題に対応しています。Pythonでは、どういう順番でメソッドを探しにいくかという順序が決められており、そこに曖昧性はありません。もちろん、混乱する可能性があることは事実ですが、それはちゃんと注意して多重継承すれば良いだけです。

2つ目は、「多重継承はダメだからMix-inという手法を使おう」という主張です。これもちらほら見かける主張なのですが、そもそもMix-inは多重継承のテクニックの一種になります。ですので、先の主張は矛盾した主張になっているのです。

Mix-inというのは、大雑把に言うと処理の塊のみを取り込もうというものです。クラスは属性とそれに対する処理を集めたもので、継承はその属性と処理を子クラスに引き継ぎます。しかし、Mix-inは処理だけを引き継ごうという発想に立っています。属性を継承させず、処理のみを継承させることで、多重継承の見通しを良くしようという考えです。

Mix-inの具体的な実現方法は個々の言語によって異なりますが、Pythonで実現する場合、属性を持たない処理だけのクラスを作って、そのような処理の塊のクラスだけを多重継承させるという方法が取られたりします（属性を持つクラスの継承は単一継承に限定します）。属性がないので、コンストラクタの呼び出しの問題もありませんし、メソッド定義が衝突しない限りmroを意識する必要もありません。

しかし、結局、多重継承を行っていることには変わりありません。Mix-inのような
手法が発案される辺り、多重継承はやはり強力で利用したい機能だということです。

▌メソッドのオーバーライド

Pythonでメソッドのオーバーライドを行うのは、JavaScriptと同様に普通にメ
ソッドを定義するだけです。先ほどまでの例では `__init__` メソッドをオーバー
ライドしています。そして、親クラスの元メソッドを呼び出す場合には `super` を
利用します。親クラスの `__init__` メソッドを呼び出すなら、`super.__init__`
`()` とします。ほかのメソッド呼び出しについても同様です。

`Python`
```python
class Oya:
    def foo(self):
        print("Oya foo")


class Kodomo(Oya):
    def foo(self):
        super().foo()
        print("Kodomo foo")


Kodomo().foo() # Oya foo の後に Kodomo foo が表示される
```

Getter/Setter

Getter（ゲッター）/ Setter（セッター）は、**オブジェクトのフィールドにアク
セスする方法を提供するメソッドのこと**です。フィールドを読み込むメソッドを
Getterメソッド、フィールドに書き込みを行うメソッドを**Setterメソッド**と言い
ます。

クラス設計の原則として、**クラス内部の仕様をみだりに公開しない方が良い**とい
う考え方があります。クラス内部の仕様に当たる最たるものがフィールドです。つ
まり、**クラスがどのようなフィールドを持っているのかは、なるべくクラス内に隠

した方が良いとされています。

　一般的に、内部仕様は様々な理由で変更が起こりやすく、そのような変更され
やすい情報を公開してしまうと、後で修正を行うことが大変になってしまうからで
す。このため、フィールドなどの内部仕様は隠して（つまりprivateにして）、そ
の代わりGetter/Setterを提供して、フィールドへの直接アクセスを避けようとい
う考え方があるのです。このような考え方を**カプセル化**とも言います。

　例えばnamesという配列型のフィールドを持っていたクラスが、ちょっとした
変更でフィールドの型を変えたとします。このとき、namesフィールドをpublic
にしていると、これにアクセスしているすべてのコードを修正しなくてはいけませ
ん。

　一方、namesフィールドをprivateにしてGetterメソッドを定義している場合
は、Getterメソッド内でnamesフィールドの変更に対応することで、Getterメソ
ッドの呼び出し側には影響がないようにすることができます。

　このような考え方はクラス設計の基本的な考えとして知られているため、Pyth
onとJavaScriptでGetter/Setterを定義するための機能が提供されています。

JavaScriptのGetter/Setter

　JavaScriptでGetter/Setterは、`get`/`set`で作ります。これで作られたGetter/
Setterは、まるでフィールドに直接アクセスしているように使うことができます。

```JS
class User {
    #name = null;

    set name(name) {
        this.#name = name;
    }

    get name() {
        return this.#name;
    }
}

const user = new User();
user.name = "憲剛";
user.name; // 憲剛
```

User クラスで #name という private フィールドを定義し、これに対する Getter/Setter を定義しています。

Setter を見てみると、set キーワードの後に #name に代入するためのメソッドを定義しています。

Getter を見てみると、get キーワードの後に、Setter と同名のメソッド（ただし引数はない）を定義しています。

Getter/Setter を定義しておくと、user.name = "憲剛" で Setter が呼ばれ、user.name で Getter が呼ばれます。まるで魔法のようですね！ 一応、メソッドであることを確認するために、console.log を仕込んでみましょう。

```js
class User {
    #name = null;

    set name(name) {
        console.log("call setter");
        this.#name = name;
    }

    get name() {
        console.log("call getter");
        return this.#name;
    }
}

const user = new User();
user.name = "憲剛"; // call setter が表示される
user.name; // call getter が表示される
```

ちゃんと console.log が呼ばれていますね。

Python の Getter/Setter

Python は主に2種類の Getter/Setter の定義方法を提供しています。

1つ目は、property で設定する方法です。

```Python
class User:
    def get_name(self):
        return self.__name

    def set_name(self, name):
        self.__name = name

    name = property(get_name, set_name)


user = User()
user.name = "憲剛"
user.name # 憲剛
```

　__name という private フィールドを定義し、set_name と get_name という Getter/Setter を定義しています。そして、name = property(get_name, set_name) の部分で、普通のフィールドへのアクセスのように Getter/Setter を呼ぶことを可能にしています。ちなみに、Getter/Setter の名前は何でも構いません（set_name と get_name でなくても構いません）。

　2つ目の方法は、@property デコレータを使う方法です。最近は1つ目の方法よりもこちらの方法の方がよく使われるかもしれません。

```Python
class User:
    @property
    def name(self):
        return self.__name

    @name.setter
    def name(self, name):
        self.__name = name


user = User()
user.name = "憲剛"
user.name # 憲剛
```

　Setter も Getter もどちらもメソッド名は name になっています。Getter メソッド

に @property デコレータが付与されていて、そのメソッド名を使ってデコレータ で Setter が指定されています。@name.setter の name は Getter メソッドの名前 です。

コラム **Getter/Setter不要論？**

Getter/Setter は、クラス設計の中では基本的な考え方として普及しています。しかしその一方、最近では Getter/Setter は不要ではないかという意見も出てきたりしています。理由はいくつか存在します。

まず、Getter/Setter が普及したおかげで、というかそのせいで、すべての private フィールドに Getter/Setter が作られるようになり、結果としてクラス定義が煩雑になっています。これが Getter/Setter のデメリットです。

また、例えばフィールド名と同じ名前の Getter/Setter を公開している場合、結局はそのフィールドを公開していることと何も変わらないじゃないか、という主張もあります。フィールド名と同じ Getter/Setter を公開しているのなら、例えばフィールド名に変更が入った場合、結局は Getter/Setter の名前も書き換えてしまうので、Getter/Setter を定義している意義が薄いという主張です。

さらに、最近は IDE（統合開発環境）が、どこでフィールドへのアクセスが発生しているのか調べてくれたり、修正のサポートを行ってくれたりします。つまり、Getter/Setter のメリットが薄れ、デメリットが目立つ場合が出てきたというわけです。

とはいえ、「内部仕様は隠して、公開部分を制御する」というカプセル化の基本的な考え方はまだまだ支持されています。

結局、private フィールドすべてに考えなしに Getter/Setter を定義することが批判されているのであり、何を公開し、何を公開しないのかをきちんと検討して、Getter/Setter を利用するべきだということですね。

この章のまとめ

　継承は強力な機能ですが、その強力さ故に使い所をよく考える必要がある大技です。近年では継承よりも委譲の手法が推奨されることも多々あります。一方、クラス間の関係がis-a関係になっているのであれば、継承を利用するのが自然な場合もありますので、利用するかどうかは常によく検討してください。

　PythonとJavaScriptでの継承の大きな違いは、単一継承か多重継承かです。JavaScriptは単一継承しか許可しないのに対して、Pythonは多重継承を許可しています。Pythonは多重継承といっても内部では単一継承のように親クラスを一列に並べて管理します。`mro`というメソッドでその順序を確認できます。

　Getter/Setterも、クラス内部の情報をどのように外部へ公開するのかを制御するための重要な機能です。PythonとJavaScriptでは書き方はかなり異なりますが、どちらも似たようなことが可能です。

第2章 | 例外処理

この章では例外処理について見ていきましょう。

例外処理とは、**コード上の異常を通知したり、補足したりする機能**のことです。今までも、存在しないフィールドにアクセスしようとしてエラーが出ていましたが、あれが例外機能の一例です。

この章でも、PythonとJavaScriptでの例外処理を見ていく前に、そもそも例外処理とはどのような機能なのかを解説します。

例外処理の3つの役割

例外処理は非常に強力な機能で、主に次の3つの役割があります。

- **例外を通知**（基本的なエラーはシステムが通知。自分で通知もできる）
- **例外が起きたら、そこで処理を止める**
- **正常系の処理とエラー対応を分離**

これらは、例外処理がないプログラミング言語を考えるとわかりやすいでしょう。

例えば、C言語やGo言語には例外処理がありません。このような言語で、何かの関数を呼び出したとします。このとき、その関数内で何らかのエラーが発生した場合（例えばうっかり存在しないファイルを開こうとしてしまったとか）、どうやってそれに気付くことができるでしょうか？ 言語が通知してくれるわけではないので、ユーザー側で頑張ってエラー状態であることを判断してそのエラーを通知したり、あるいはユーザー側でエラーに気付く必要があります。疑似的なコードで書くと、このような感じです。

```
返り値，エラー情報 ＝ 関数()
if (エラー情報があったら) {
    エラー処理
    return
}
```

　関数を呼び出した際に、普通の返り値とともにエラー情報も返してもらうように
します。そして、エラー情報の有無を調べて、エラーがあった場合にはエラー処
理を行う必要があり、その後、returnで処理を終了しています。実際にGo言語
ではこのようなコードを書くことになります[*1]。

　さて、ついうっかり**エラー情報**の有無のチェックを忘れてしまったらどうなるで
しょうか？[*2]「エラーが起きたんだから、プログラムは終了するんじゃない？」と
思いますか？ そう思うのは、例外処理に慣れてしまっているせいです。**例外機能
がない場合、基本的にプログラムは止まりません**。何らかの異常状態を抱えたまま
プログラムが実行され続けてしまうのです。

　その結果、最終的に得られる結果は妥当なものではないでしょう。さらに、最
終的な結果で異常に気が付いたとしても、一体どこでミスがあったのかを見つける
のは、とても難しくなります。

　これをなるべく防ごうというのが例外処理の基本的な役割になります。上記の
例のように、関数の実行中にエラーが起きたかどうかを、関数の返り値として扱う
のではなく、例外という特別な機能を利用して自動的に通知されるようにします。
例外を用いても、そのエラーをチェックするかどうかは依然としてプログラマーの
責任になるのですが、少なくとも例外発生時点で処理を止めてくれます。最後ま
で処理が進んで異常な結果になることはありませんし、例外がどこで起きたのかを
すぐに把握できるので、エラー原因の特定も比較的容易になります。

　「正常系の処理とエラー対応を分離」についても説明しましょう。ここで再び、
例外がない言語の疑似コードで、関数を２つ呼び出すコードを示します。

---

*1　例外処理の機能がない言語の例としてGo言語を挙げています。実はGo言語でも例外処理のよ
うな機能を作ることができます。Go言語ではあえて例外処理を提供していないようです。おそらく、
この後で解説する例外処理の難しさを考慮してのことだと思われます。ここでの例は架空の言語の
疑似コードということでご了解ください。
*2　Go言語では、エラーのチェック忘れが起きにくいようになっていて、エラー情報がコード中で
利用されていない場合、コンパイルエラーになります。繰り返しになりますが、ここでの例は架空の
言語の疑似コードになります。

```
返り値1, エラー情報1 = 関数1()
if (エラー情報1があったら) {
    エラー処理1
    return
}

返り値2, エラー情報2 = 関数2()
if (エラー情報2があったら) {
    エラー処理2
    return
}
```

　先ほどよりも少し処理が長くなりました。やっていることは単純で関数1と関数2を呼び出しているだけです。どうでしょうか、関数1と関数2を連続で呼びたいだけなのに、このコードは面倒だなと思いませんか？ この面倒さの原因は、「正常系の処理とエラー処理が混在してしまっている」ことにあります。関数1でエラーがあったとき、関数2を実行することはできないので（エラーの影響で関数2もエラーを起こすかもしれません）、いちいちエラーの有無をチェックする必要があります。

　この面倒さを解決する手段の一つが例外処理というわけです。後で詳しく解説しますが、Pythonで上記の処理を行う場合、コードのイメージはこのようなものになります。

`Python`
```
try:
    返り値1 = 関数1()
    返り値2 = 関数2()
except エラー1:
    エラー処理1
except エラー2:
    エラー処理2
```

　`try`節内に関数の呼び出しが集められ、それぞれのエラー処理は`except`節で行われるようになりました。つまり、**`try`節内に正常系処理が記述され、エラー処理と分割した書き方ができる**ようになっています。非常に便利な機能だということがわかりますね。

JavaScriptの例外処理

例外を通知する

JavaScriptでは、例外の通知には`throw`を利用します。例外を通知したい場合は色々ありますが、例えば、引数に意図とは異なるデータを渡された場合などに例外を通知したりします。

引数が整数ではない場合に例外を投げる関数を定義すると、こんな感じになります。

```js
function addOne(x) {
    if (!Number.isInteger(x)) {
        throw new TypeError('引数が、整数ではありません');
    }
    return x + 1;
}

addOne('foo');
```

こうすると、

```
/sample.js:3
    throw new TypeError('引数が、整数ではありません');
    ^

TypeError: 引数が、整数ではありません
    at addOne (/sample.js:3:11)
    at Object.<anonymous> (/sample.js:8:1)
    (略)
```

というようなエラー情報が出力されます。この例では`sample.js`というファイルで実行してみたのですが、ちゃんと`sample.js`の3行目でエラーが起きたよと教えてくれています。

JavaScriptがデフォルトで提供しているエラーの**エラークラス**はいくつかありますが、主に利用されるものを**表2-2-1**に掲載します。

表2-2-1●JavaScriptの主なエラー（エラークラス）

エラークラス	説明
Error	すべてのエラーの親クラス。throw new Error(message)とすることもできる
TypeError	引数などの型が不正な場合に利用する
RangeError	引数などが範囲外の値の場合に利用する

　Errorクラス（あるいはErrorの子クラス）を継承した独自のエラークラスを定義することもできます。そのような例外クラスは**カスタム例外**と呼ばれたりします。

　例えば、NotIntegerErrorというクラスを定義してみるとこうなります。

```JS
class NotIntegerError extends TypeError {
}

function addOne(x) {
    if (!Number.isInteger(x)) {
        throw new NotIntegerError('引数が、整数ではありません');
    }
    return x + 1;
}

addOne('foo');
```

　実行すると、次のエラーが発生します。

```
/sample.js:6
    throw new NotIntegerError('引数が、整数ではありません');
    ^

NotIntegerError [TypeError]: 引数が、整数ではありません
    at addOne (/sample.js:6:15)
    at Object.<anonymous> (/sample.js:11:1)
    (略)
```

　NotIntegerErrorは、型に対するカスタム例外なので、TypeErrorの子クラスとして定義しました。このように、状況に応じた適切な例外を投げることができるので、**カスタム例外を積極的に使うのが良いと思います。**

　ところで、上記の例ではエラーメッセージにNotIntegerErrorというカスタム

例外のクラス名が表示されています。このクラス名がエラーメッセージに出るかどうかは、実はJavaScriptの実装次第になります。JavaScriptの実装によってはカスタム例外のクラス名が出ずに、

```
Error: 引数が、整数ではありません
```

というエラーメッセージになる可能性があります。

確実にエラーメッセージにクラス名を出したい場合は、カスタム例外のコンストラクタを以下のように定義します。

```JS
class NotIntegerError extends TypeError {
    constructor(message) {
        super(message);
        this.name = "NotIntegerError";
    }
}
```

ちなみに、ここまでの例はErrorのインスタンスを `throw` していますが、実は任意の値（例えば文字列など）を `throw` することもできます（`throw 'メッセージ'` のように）。ですが、その場合、どういうメソッド呼び出し順でエラーになったのかなどの情報がわからなくなりますので、基本的にErrorのインスタンスを `throw` するようにしましょう。

例外を捕捉する

投げられた例外を捕捉するには `try-catch` 構文を利用します。

```JS
try {
    addOne('');
} catch (e) {
    console.log(e);
}
```

構文はこのようになります。`catch` ブロックと `finally` ブロックは省略可能ですが、どちらか一方は必須です。

```js
JS
try {
    正常系処理
} catch (e) {
    エラー処理
} finally {
    finallyの処理
}
```

`catch`ブロックは例外が発生したときに実行され、`finally`ブロックは例外が発生しようがしまいが必ず実行されます。

`finally`ブロックを利用するのは、正常処理の最後に必ず実行したい処理がある場合です。というのも、`try`ブロックの最後にそういう処理を書いても、正常系処理の途中で例外が発生してしまうと、最後の処理がスキップされてしまうからです。

JavaScriptの`catch`はすべての例外を捕捉します。ほかの言語では例外の種類だけ`catch`ブロックを定義することができたりします（Pythonがそうです）が、JavaScriptでは`catch`ブロックは1つだけです。このため、`catch`ブロック内で例外オブジェクトのクラスを`instanceof`などを使ってチェックする必要があります。

```js
JS
try {
    addOne('');
} catch (e) {
    if (e instanceof NotIntegerError) {
        // 何らかの処理
    } else {
        // 何らかの処理
    }
}
```

例外の握りつぶし

例外を捕捉した後にどのような処理を行うのかは状況によりけりですが、基本的にやってはいけない処理として、**例外の握りつぶし**があります。これはせっかくキャッチした例外をなかったことにする処理です。例えば以下のようなコードです。

```js
try {
    addOne('');
} catch (e) {
}
```

`catch`ブロックで何も処理を行っていません。ログを吐くわけでもなく、他に通知もしていません。こういう状態を例外の握りつぶしと言います。

例外というのは基本的に、システムが何らかの異常状態にあることを示します。この異常状態を知らせてくれた例外をなかったことにしてしまうのは、大変危険なわけです。

先の例くらいわかりやすく握りつぶしていれば気付きやすいのですが、以下の例はどうでしょうか。

```js
try {
    addOne('');
} catch (e) {
    if (e instanceof NotIntegerError) {
        何らかのエラー処理
    }
}
```

`addOne`関数は`NotIntegerError`例外を投げるので、`catch`した後に`NotIntegerError`例外かどうかをチェックしています。実はこういう対応も、例外の握りつぶしになっています。

というのも、`addOne`関数が`NotIntegerError`例外"以外"を投げてきたときに、何の処理もしていないからです。その例外をなかったことにしてしまいます。

例外をクラスごとに分けて処理する場合、`else`節などを利用して必ず対応できるようにしてください。

```js
try {
    addOne('');
} catch (e) {
    if (e instanceof NotIntegerError) {
```

```
            何らかのエラー処理
    } else {
            何らかのエラー処理2
    }
}
```

例外の握りつぶしはやってはいけない処理ですが、うっかりやってしまうことも多く、例外処理の難しさの一つになっています。

エラー処理の基本的な考え方

エラー処理の基本的な考え方を簡単に説明しておきましょう。個々のエラー処理は状況によって様々ですが、エラーが起きた場合の対応は大体以下の3つになります。

1. エラー状態を修正するための処理
2. 自分での対応を諦める
3. プログラムを止める

1.の処理は個々の状況によるのでここではいったん置いておき、2.から見ていきましょう。

「自分での対応を諦める」をもう少し説明すると、まず例外を自分で対応できるものと、そうでないものに分けます。自分で対応できるものは1.の「エラー状態を修正するための処理」を行うことになり、自分で対応できないものは他の人に任せることになります。

具体例としてはこのようなコードになります。

JS
```js
function callAddOne(x) {
    try {
        addOne(x);
    } catch (e) {
        if (e instanceof NotIntegerError) {
```

```
            // エラー状態を修正するための処理
        } else {
            throw e;
        }
    }
}
```

　addOne関数を呼ぶだけの`callAddOne`関数を定義しました。この関数の存在意義は置いておいて、ポイントは`catch`節です。ここで自分で対応できる例外（`NotIntegerError`）とそうでないものを分けています。そして、`NotIntegerError`以外は自分での対応を諦めて、例外を再度投げ直しています。こうすることで`callAddOne`関数を呼び出す人に対応をお願いしているのです。

　また、**例外を投げるのではなく、異常を示すデータを返すことで異常を表すこと**もできます。例えばこのような形です。

```
JS
function callAddOne(x) {
    try {
        addOne(x);
    } catch (e) {
        if (e instanceof NotIntegerError) {
            // エラー状態を修正するための処理
        } else {
            return NaN;
        }
    }
}
```

　実はこういう対応はよく行います。というのも、例外を投げていると不便な状況というのがあるからです。

　例えば、Pythonのリストには指定の要素が何番目にあるのかを調べる`index`メソッドがあります。指定した要素がリストにない場合、このメソッドは例外を投げます。ですが、指定する要素がリストにあるかどうかが全く予想できない場合、こういう処理でいちいち例外が出てくると面倒です。

　こういう場合は例外ではなく、何かの値を返してくれる方が便利です。実際、Pythonには同じ処理をする`find`というメソッドがあり、これは要素が見つからない

場合、-1 を返してくれます。

　このように、例外そのもので異常を通知するのではなく、何かの値で異常状態を通知する方法もあります。何を異常だと考えるのかによって、使い分けると良さそうです。

　「自分での対応を諦める」の別対応として、**ログを吐く**というのもあります。今の状況ではうまく対応できないし、例外を再度投げるわけにもいかないという場合に、いったんログを吐いて、未来の誰かに期待する、という方法です。ただ、あまり良い対応でもないので、できれば避けたい手法ではあります。

　さらに別の対応方法として、**そもそも例外処理しないというスタンスもありえます**。つまり何も `catch` しないということです。`finally` がないなら `try-catch` しないことになります。

　これを先ほどの `callAddOne` 関数で書くとこうなります。

```JS
function callAddOne(x) {
    addOne(x);
}
```

　この実装では例外の握りつぶしは絶対に起きません（この関数の意義は、本当にいったん置いておきましょう…）。なぜなら `addOne` 関数で発生した例外を `catch` していないからです。例外への対処は `callAddOne` 関数を呼び出す側の責任になります。こう言うと、`callAddOne` 関数の利用者に不親切に聞こえるかもしれませんが、**下手に握りつぶすよりもよっぽどマシなコード**だと言えます。

　そして最後の 3. の「プログラムを止める」ですが、これはもうどうしようもなくなったときの対応です。下手に異常状態で処理が進むよりはプログラム自体を止める方が良いでしょう。

　と言っても、実際に Python や JavaScript で開発者自身が処理を止めるコードを書く必要はありません。それは例外がやってくれるからです。つまり、開発者としては例外を投げておけば、誰も対応できない場合、プログラムが止まります。

例外を通知する

例外を通知するには`raise`を利用します。JavaScriptは例外を投げて（`throw`）、Pythonでは例外を出現させる（`raise`）という違いがあって興味深いですね。

```Python
def add_one(x):
    if (type(x) is not int):
        raise TypeError("引数が、整数ではありません")
    return x + 1


add_one("foo")
```

こうすると、

```
Traceback (most recent call last):
  File "/sample.py", line 7, in <module>
    add_one("foo")
  File "/sample.py", line 3, in add_one
    raise TypeError("引数が、整数ではありません")
TypeError: 引数が、整数ではありません
```

と表示されます。JavaScriptと表示順が逆になっていますね。

Pythonでは多くの例外が提供されていますが、ユーザー側で意識して利用するのは**表2-2-2**くらいでしょうか。

表2-2-2●Pythonの主なエラークラス（例外クラス）

エラークラス	説明
Exception	カスタム例外の親クラス
RuntimeError	実行中の何らかのエラーを表現するための例外
TypeError	引数などの型が不正な場合に利用
ValueError	引数など値が不正な場合に利用

カスタム例外を作るには、`Exception`クラス（あるいはその子クラス）を親クラスにします。`NotIntegerError`クラスを定義してみると、こうなります。

```Python
class NotIntegerError(TypeError):
    pass


def add_one(x):
    if (type(x) is not int):
        raise NotIntegerError("引数が、整数ではありません")
    return x + 1


add_one("foo")
```

`raise`する際にメッセージを設定しないのであれば、`raise NotIntegerError`のようにクラスを指定するだけでも例外を起こすことができます。ちなみに、Pythonで`raise`できるのは例外インスタンスか、例外クラスのみです。

例外を捕捉する

投げられた例外を捕捉するには`try-except`構文を利用します。

```Python
try:
    add_one("foo")
except Exception as e:
    print(e)
```

構文はこのようになります。`except`節、`else`節、`finally`節はそれぞれ省略可能ですが、`except`節、`finally`節のどちらか一方は必須です。

```Python
try:
    正常系処理
except 例外クラス:
    エラー処理
except 例外クラス as e:
    エラー処理
```

```
else:
    例外がなかったときの処理
finally:
    finallyの処理
```

　except節が例外を指定してエラー処理を行うブロックになります。except節は好きなだけ書くことができ、それぞれでどの例外を処理するのかを宣言します。例えば、NotIntegerErrorを処理したい場合はexcept NotIntegerError:と書くことになります。さらに、その例外のインスタンスを扱いたい場合はexcept NotIntegerError as e:と書くと、例外インスタンスが変数eに格納されます。

　また、複数の例外を1つのexcept節で捕捉することもできます。

`Python`
```
try:
    正常系処理
except (例外クラス1，例外クラス2) as e:
    エラー処理
```

　ちなみに、exceptでクラス名を省略することもできます。その場合、あらゆる例外をキャッチします。このようなコードになります。

`Python`
```
try:
    正常系処理
except:
    エラー処理
```

　else節は例外が起きなかった場合に実行されます。finally節はJavaScriptと同様に必ず実行されます。例えば、以下のようなコードでは、

`Python`
```
try:
    正常系処理
except 例外クラス:
    エラー処理
else:
    elseの処理
finally:
    finallyの処理
```

正常系処理で例外が起きた場合、

エラー処理 → finallyの処理

となり、例外が起きなかった場合、

elseの処理 → finallyの処理

となります。

この章のまとめ

　例外処理は、システムの異常を検知するのに非常に強力な機能になります。例外を投げればシステムがその情報を伝えていってくれますし、それ以降の処理を停止してくれます。また、正常系コードとエラー対応コードを分離できるようにもなります。

　PythonとJavaScriptの例外処理は文法は異なりますが、大体同じ機能を提供します。ただし、Pythonでは例外ごとにエラー処理を書き分けられるのに対して、JavaScriptはいったんすべての例外を1つの`catch`で受け取り、その後必要に応じて`if`などで例外ごとの対応を行う必要があります。

　例外処理は強力ですが、一方でその例外を無視してしまうことがあります。これを例外の握りつぶしと言いますが、これは基本的にやってはいけません。意図せず握りつぶしが起きないように、エラー対応コードは慎重に書くようにしてください。

第3章 | ファイル操作

　これまで、PythonとJavaScriptの言語機能について解説してきましたが、この章ではプログラミングの基本処理であるファイル操作を説明します。

　ファイル操作の基本的な流れは、

1. ファイルを開く
2. ファイルを処理する
3. ファイルを閉じる

になります。

　最後の「ファイルを閉じる」を忘れてしまう、あるいはうまく閉じることができなかったというのが、ファイル操作の定番の課題でした。このため、最近では**自動的にファイルを閉じるための機能を提供する言語が増えています**。PythonとJavaScriptもそのような機能を提供しています。

　また、ファイルを開く際にどういうモードで開くのかを指定する必要があります。**読み込み用**なのか、**書き込み用**なのかを指定してファイルを開きます。

Pythonのファイル操作

　Pythonのファイル操作には伝統的な方法と、`with`を使う方法の2つがあります。**伝統的な方法を使うことは、もうほぼないと思いますが**、ファイル操作の基本を理解してもらうために、解説しておきます。

伝統的なファイル操作

　先ほどのファイル操作の流れに沿ったファイル操作になります。

```Python
f = open('sample.txt', 'w')
f.write("こんにちは")
f.close()
```

　1行目でファイル（sample.txt）を開いています。第1引数がファイルのパスで、第2引数が開くときのモードです。モードの種類は**表2-3-1**に示します。

表2-3-1●モードの種類

モード	説明
r	読み込み(デフォルト)
w	書き込み
a	追記用モード
x	排他的生成。ファイルが存在する場合はエラー
t	テキストモード(デフォルト)
b	バイナリモード
+	編集用

　1行目でモードをwにしているので、書き込みモードになっています。そして、2行目で実際に書き込み、3行目でファイルを閉じています。

　モードにはr（読み込み）やw（書き込み）、さらにa（追記用）があることに注意してください。

　w（書き込み）でファイルを開くと、もともとのファイルの中身がすべて消去されます。つまり、開いた時点で空ファイルになってしまいます。

　ファイルの末尾から何かを追記したい場合は、a（追記用）を指定します。

　ファイルを読み込んだり、途中を編集したい場合はr+を指定します。+はそれ単体ではモードになりませんが、r+とすることで「読み書き」モードになります。

　また、文字コードを指定してファイルを開く場合にはencodeを指定します。このような書き方になります。

```Python
f = open('sample.txt', 'w', encoding='utf-8')
```

ファイルへの処理

　ファイルの中身を見るにはファイルオブジェクトのreadメソッドを利用します。readメソッドは引数をとり、例えばread(10)とすると、テキストモードでは10文字、バイナリモードの場合は10バイトのデータを返します。ファイルを最後まで読み込むと、空文字列を返します。また、read()とするとファイルの中身のすべてを読み込みます。

　ファイルを1行ずつ読み込むにはreadlineメソッドを利用します。これで読み込むと各行の末尾に\nが付いてきます。なので、空行の場合は\nが返ってきます。ファイルをすべて読み込んだら、空文字列が返ってきます。

　sample.txtというファイルの中身が、

```
ABC

DEF
```

であった場合、

```Python
f = open('sample.txt')

f.readline() # ABC\n
f.readline() # \n
f.readline() # DEF\n
f.readline() # ""

f.close()
```

となります。

　ちなみに、以下のように書くと1行ずつ読み込みながらループを回してくれます。

```Python
f = open('sample.txt', 'r')

for line in f:
    print(line.strip())

f.close()
```

このように`for`で書くと1行ずつ変数`line`に入れてくれます。ちなみに、`line`には改行まで含まれてしまうので、`print`する際に`strip`メソッドを呼び出しています。

また、`readlines`メソッドを使うとファイルを一気に読み込んで、各行を要素としたリストを返してくれます。

ファイルへの書き込みには`write`メソッドを使ってください。引数に指定した文字列がファイルに書き込まれます。

ファイルのクローズ処理

ファイルは開いたら必ずクローズする必要があります。これは絶対の鉄則です。たとえファイルの処理中にエラーが起きたとしてもちゃんと閉じる必要があるのです。このため、伝統的な方法では例外処理の`finally`を使って閉じるようにします（`finally`はファイル操作中にエラーが起きても実行されます）。

`Python`
```python
try:
    f = open('sample.txt', 'r')
    for line in f:
        print(line.strip())
finally:
    f.close()
```

withを使う方法

先に述べましたが、ファイルは必ず閉じる必要があります。ですが、うっかり閉じ忘れたりすることが起きてしまいます。そこでPythonは自動でファイルを閉じてくれる`with`構文を提供しています。

`with`構文はこのように使います。

`Python`
```python
with open('sample.txt', 'w') as f:
    f.write("こんにちは")
```

これだけで、「こんにちは」と書かれたsample.txtが作られ、自動的にファイル

が閉じられます。

JavaScriptのファイル操作

JavaScriptのファイル操作には、Webブラウザ上で実行された際にローカルの
ファイルを読み込むものと、Pythonと同様にJavaScriptプログラム内からファイ
ルを操作するものとがあります。ここでは後者について解説します。

実は生のJavaScriptにはPythonのようなファイルを操作する方法が提供され
ていません。Node.jsを利用している場合はfsモジュールを利用することでファ
イル操作が可能になります。fsモジュールはファイルを読み書きするための簡易
APIを提供しています。ここではそれらを中心に解説します。

fsモジュールでは、基本的には伝統的なファイル操作は不要です。つまり、自
分で明示的にファイルを閉じることはありません。

ファイルの読み込み

ファイルを読み込むにはreadFileメソッドを利用します。

```JS
const fs = require('fs');

fs.readFile('sample.txt', 'utf8', (err, str) => {
    if (err) throw err;
    console.log(str);
});
```

1行目がfsモジュールを読み込んでいる部分です。このようなモジュールの読
み込み機能は次の第4章で詳しく解説します。

readFileメソッドの第1引数はファイルのパスです。第2引数で文字コードを
指定しています。これは省略可能ですが、省略するとバイナリで読み込むモードに
なります。第3引数がコールバック関数になっていて、ファイルを開いた後でこの
関数が呼ばれます。

このコールバック関数の第1引数はエラーオブジェクトです。ファイルを開いた
ときにエラーがあった場合、エラーに関するデータがここに入ります。そして、第

2引数にファイルから読み込んだ内容が入ります。

　読み込み処理にはもう一つ、readFileSync メソッドがあります。readFile メソッドとの違いは、**同期処理か、非同期処理か**です。readFile メソッドは非同期処理のためのメソッドで、readFileSync メソッドは同期処理のためのメソッドです。

　直感的にわかりやすいのは、readFileSync メソッド（同期処理）です。readFileSync メソッドの実行が始まるとともにファイルを読み込み、readFileSync メソッドの実行が終わるとともにファイル操作を終了します。わかりやすいですよね。

　これに対して、readFile メソッド（非同期処理）では、いつ本当にファイルが読み込まれるのかまったくわかりません。非同期というのは、処理の依頼をいったん受け付けておいて後で実行するという方式です。実際にいつ実行されるのかはまったくわかりません。

```JS
const fs = require('fs');

fs.readFile('sample.txt', 'utf8', (err, str) => {
    if (err) throw err;
    console.log("読み込んだよ");
});
console.log("readFileの実行が終わったよ");
```

　非同期処理においては、このコードの実行結果が、

```
読み込んだよ
readFileの実行が終わったよ
```

となるのか、

```
readFileの実行が終わったよ
読み込んだよ
```

となるのかは、わからないのです。

　なぜそんなことになるのかというと、**ファイル操作によってほかの処理の邪魔をしないようにするためです**。

ファイル操作はそこそこ重い処理で、ほかの処理をブロックして（止めて）しまいます。つまり、同期処理の readFileSync メソッドでは、ファイル処理が終わるまでずっとプログラムは待つことになります。

　これが、readFile メソッドの非同期処理になると、ほかの処理が走っていないタイミングなどで実行でき、ほかの処理をあまり邪魔しないというわけです。

　ただし、メソッドの使い方としては readFileSync メソッドの方が簡単です。readFile メソッドと readFileSync メソッドのどちらが良いかは、注意して決めてください。

　readFileSync メソッドの使い方はこのようになります。

```JS
const fs = require('fs');

cosnt str = fs.readFileSync('sample.txt', 'utf8');
console.log(str);
```

　readFile メソッドと異なるのは、第3引数のコールバック関数がないことです。読み込んだ内容はメソッドの返り値から取得します。

ファイルの書き込み

　ファイルの書き込みには writeFile メソッドを使います。第1引数にパス、第2引数に書き込みたい文字列、第3引数にコールバック関数を指定します。コールバック関数ではエラーが起きたときなどの処理を記述してください。

```JS
const fs = require('fs');

fs.writeFile('sample.txt', '書き込みたい文字列', (err) => {
    if (err) throw err;
});
```

　こちらにも同期メソッドがあります。writeFileSync メソッドです。

```JS
const fs = require('fs');
```

```js
fs.writeFileSync('sample.txt', '書き込みたい文字列');
```

追記用処理

　追記用処理として`appendFile`メソッドもあります。これはファイル末尾に書き込むためのメソッドです。使い方は`writeFile`メソッドと同様です。

```js
JS
const fs = require('fs');

fs.appendFile('sample.txt', '追記したい文字列', (err) => {
    if (err) throw err;
});
```

　同期用も同様にこう書きます。

```js
JS
const fs = require('fs');

fs.appendFileSync('sample.txt', '追記したい文字列');
```

この章のまとめ

　ファイル操作はプログラミングでの基本技術の一つです。伝統的なファイル操作は、開いて処理して閉じる、です。最近ではこの閉じるを保証してくれる言語が多くなっています。

　Pythonでは伝統的なファイル処理も可能ですが、`with`を利用すると自動でファイルを閉じてくれるようになります。JavaScriptのファイル操作はやや独特です。そもそも生のJavaScriptはいわゆるファイル操作機能を持っていません。Node.jsでは`fs`モジュールを利用してファイル操作を行います。非同期に処理するのか、同期的に処理するのかで、呼び出すメソッドが異なります。

第4章 | モジュール管理

この章ではモジュール管理について説明します。

モジュール管理とは、**クラスや関数などをファイルごとに分割して管理すること**です。もっと簡単に言えば、「別のファイルに書かれたクラスを利用したいから、そのファイルを読み込んで、クラスを利用する」ための機能です。

JavaScriptのモジュール管理

実は初期のJavaScriptはモジュール管理をあまり重視していませんでした。というのも、そもそもはWebブラウザで読み込んで実行されることが前提にあったため、必要なファイルは`script`タグで読み込んで利用されていたからです（あるいは`script`タグにJavaScriptコードを直書きされるか）。

もちろんこれでも「別のファイルに書かれたJavaScriptコードを利用する」という目的を達成できます。ですが、大きな問題が2つありました。

一つは、読み込んだすべての関数やクラスがグローバル空間に登録されてしまうこと、つまり、「このファイル内 "だけ" で使う関数」というものを作れませんでした。

もう一つは、ファイル間の依存関係が不明なことです。`script`タグで読み込むということは、1つのHTMLファイルが全JavaScriptをファイルを読み込むことになります。これではJavaScriptファイルごとに依存関係があった場合、その依存関係を明確にできません。例えば`usefull.js`の中のクラスを利用した`iketeru.js`を作ろうとしても、`iketeru.js`が`usefull.js`に依存していること（**図2-4-1**）を表現できません。

図2-4-1●iketeru.jsはusefull.jsのクラスを利用している

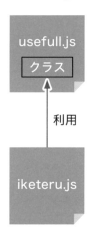

もちろん、HTML側で2つのファイルを読み込んでくれればとりあえず動作はします。しかし、usefull.js を読み込まないとエラーになりますし、エラーになってもusefull.js を読み込む必要があると気付けるかどうかは難しいところです。

モジュール管理機能の登場

上記のような問題に加えて、サーバーサイドJavaScriptが登場したことにより、いよいよモジュール管理が必須になりました。サーバーサイドJavaScriptはサーバー上で動くJavaScriptですから、当然Webブラウザ上では動かないので、script タグによる読み込みができず、別の方法でファイルに書かれたJavaScriptコードを読み込む必要性が出てきました。

以上のような背景からモジュール管理機能が追加されたわけですが、後から追加された機能のためか、JavaScriptのモジュール管理には**2つの方式**が存在してしまっています。**CommonJS方式**と**ES（ECMAScript）modules方式**です。

もともとはCommonJSというサーバーサイドJavaScriptの標準化団体の中で、モジュール管理機能が作られていました。Node.jsはCommonJSのモジュール管理の仕様に従っています。

ところがその後、JavaScriptの標準化団体であるEcma InternationalがCommonJSとは異なるES modules方式の仕様を決めてしまったのです。簡単に言うと、2つの標準化団体がそれぞれのモジュール管理の仕様を決めたため、2つの方式が

混在することになったのです。JavaScriptの本命の標準化はEcma International
が定めるECMAScriptなので、将来的にはECMAScriptのES modules方式に一
本化されていくと思われます。ただし、CommonJS方式も十分に広まっているの
で、現状ではこの2つの方式を理解しておく必要があります。

CommonJS方式

最初にCommonJS方式を解説します。以下が基本的な使い方です。

```js
// club_data.js
const ClubData = {
    'Kawasaki': { ranking: '1st', points: 92 },
    'Yokohawa': { ranking: '2nd', points: 79 },
};

const points = (name) => { return ClubData[name]['points']; }
module.exports = points;
```

```js
// main.js
const points = require('./club_data');
console.log(points('Kawasaki')); // 92
```

JavaScriptでは「何を公開するのか」と「公開されたコンポーネントのどれを
利用するか」の2つをコントロールできます。

CommonJS方式では`module.exports`が「何を公開するのか」の機能に当た
り、`module.exports`に代入された値が他ファイルに公開するコンポーネントに
なります。`club_data.js`ファイルを見ると、`module.exports`に`points`関数
を代入しています。

公開されたコンポーネントを読み込むには`require`関数を使います。`require`
(ファイル名)という形式で読み込むと`module.exports`に代入したコンポーネン
トを取得できます。`main.js`では`require('./club_data')`としています。今
は`module.exports`が`points`関数になっていたので、`require`関数の返り値は
`points`関数になります。

ちなみに、`require`に指定するファイル名は拡張子を省略できます。拡張子を
明示的に書いても構いません。

club_data.jsから外のファイルに渡せるのはmodule.exportsされたものだけになります。club_data.jsではClubDataが定義されていますが、これはmain.jsからは見えません。

　複数の関数などを公開したい場合は以下のように記述します。

```JS
const ClubData = {
    'Kawasaki': { ranking: '1st', points: 92 },
    'Yokohawa': { ranking: '2nd', points: 79 },
};

const points = (name) => { return ClubData[name]['points']; }
const ranking = (name) => { return ClubData[name]['ranking']; }
module.exports = { points, ranking };
```

```JS
const { points } = require('./club_data');
console.log(points('Kawasaki')); // 92
```

　club_data.jsのmodule.exportsにオブジェクトを代入しています。{ points, ranking }という記法は{ points: points, ranking: ranking }と同じです。これでpoints関数とranking関数を公開できます。

　そしてmain.jsでは、このオブジェクトをrequire('./club_data')で取得しています。こちらもオブジェクトで取得していますが、そのときに受け取っているのはpointsのみに限定しています。分割代入の受け取り方ですね。このような方法で「公開されたコンポーネントのどれを利用するか」を決めています。

名前衝突の回避

　読み込む関数名と既存の関数名が衝突してしまうことがあります。先の例のように分割代入で受けてしまうと名前の衝突を回避できないので、そのような場合は普通のオブジェクトとして受け取ります。

```JS
const clubDataModule = require('./club_data');
console.log(clubDataModule.points('Kawasaki')); // 92
```

読み込んだコンポーネントを任意のローカル変数で受け取って（例では`clubDa taModule`）、そのオブジェクトから公開された関数を呼び出します（例では`club DataModule.points`）。こうするとたとえ`points`関数が既存の名前と衝突しても、衝突を回避できるようになります。

exportsの利用

　CommonJS方式では、別の書き方として`module.exports`ではなく変数`exports`を利用することもできます。

```JS:data.js
exports.foo = 1;
```

```JS:read.js
const data = require('./data.js');
console.log(data.foo); // 1
```

　先ほどまでの例と異なり、`module.exports`ではなく、`exports`の属性を直接定義しています。実は、`module.exports`と変数`exports`は同じオブジェクトを指しています。ですので、結局は`module.exports`を設定したのと同じことになります。ただし、

```JS
exports = 1;
```

のように`exports`自体を書き換えてしまうと、`module.exports`との関係が切れてしまうので、このような代入は絶対に避けてください。

ES modules方式

　CommonJS方式では`module.exports`と`require`の組み合わせでしたが、ES modules方式は`export`と`import`の組み合わせになります。

　ただ、Node.jsでES modules方式は素直には動きません。Node.jsのモジュール管理方式は標準ではCommonJS方式になっているため、Node.jsに対して「このファイルのモジュール管理はES modules方式にします」ということを伝える必

要があります。

　ES modules方式を指定するにはいくつか方法があります。まず1つ目の方法として は、`package.json`というファイルを作って、その`type`フィールドを`module`にする方法です。`package.json`をjsファイルがあるディレクトリに配置するだけで、そのディレクトリ以降のモジュール管理がES modules方式になります（`node`コマンドの実行も`package.json`のディレクトリ以降で実行してください）。また、`type`を`commonjs`にするとモジュール管理がCommonJS方式になります。

```
package.json
{
  "type": "module"
}
```

　別の方法としては、ファイルの拡張子で指定する方法です。`.js`から`.mjs`に変更すると、ES modules方式が適用されます。以下、本書では`.mjs`で指定していきますね。

　ちなみに、Node.js 13.2までは`node`コマンドの引数に`--experimental-modules`が必要でした。少し古いNode.jsで試す場合には注意してください。

　ES modules方式の基本の使い方は以下のようになります。

```
JS      club_data.mjs
const ClubData = {
    'Kawasaki': { ranking: '1st', points: 92 },
    'Yokohawa': { ranking: '2nd', points: 79 },
};

export default (name) => ClubData[name]['points'];
```

```
JS      main.mjs
import points from './club_data.mjs';
console.log(points('Kawasaki')); // 92
```

　`club_data.mjs`ファイルが外部に公開するモジュールを決めているファイルで、`club_data.mjs`を利用しているのが`main.mjs`ファイルになります。`club_data.mjs`では、`export default`という部分で外部に出す関数を決めています（無名関数の`(name) => ClubData[name]['points']`を外部に公開するように

書かれています)。そして、`main.mjs`の`import`部分で公開された関数に`points`という名前を付けて取り込んでいます。

　複数コンポーネントを公開する場合はCommonJS方式と同じようにオブジェクトとして公開します。ちなみにこれを「名前付きエクスポート」と呼びます。

```js
JS      club_data.mjs
const ClubData = {
    'Kawasaki': { ranking: '1st', points: 92 },
    'Yokohawa': { ranking: '2nd', points: 79 },
};

const points = (name) => { return ClubData[name]['points']; }
const ranking = (name) => { return ClubData[name]['ranking']; }
export { points, ranking };
```

```js
JS      main.mjs
import { points } from './club_data.mjs';
console.log(points('Kawasaki')); // 92
```

名前衝突の回避

　`import`時に読み込んだ関数名が、既存の別の関数の名前と衝突してしまう場合があります。そのような場合には、以下のように書くと衝突を回避できます。

```js
JS      main.mjs
import * as clubDataModule from './club_data.mjs';
console.log(clubDataModule.points('Kawasaki')); // 92
```

　`import * as clubDataModule`として`club_data.mjs`の公開されたコンポーネントをすべて`clubDataModule`オブジェクトとして受け取っています。`clubDataModule`は任意の名前です。こうすると別の`points`関数があっても名前の衝突を回避できます。

　あるいは、`import`または`export`時にコンポーネントの名前を変更することもできます。以下の例は`points`関数を`showData`関数に読み替えています。

```js
JS      main.mjs
import { points as showData } from './club_data.mjs';
console.log(showData('Kawasaki')); // 92
```

ただし、システム上で1つの関数に色々な名前が付いていると混乱しやすいため、別名を付ける際には十分に注意してください。

　ちなみに、`from`でファイルを指定していますが、このファイルの拡張子を省略することもできます。`node`コマンドの実行時に`--es-module-specifier-resolution=node`というオプションを付けると拡張子なしでも`import`できます。

Pythonのモジュール管理

　Pythonのモジュール管理はJavaScriptと違って方式は1つだけです。また、JavaScriptのモジュール管理では「何を公開するのか」と「公開されたコンポーネントのどれを利用するか」をそれぞれコントロールできました。これに対してPythonでは、基本的に全部のコンポーネントが公開されます。つまり「何を公開するのか」をあまりコントロールすることができません。

　まずはPythonのモジュール管理の例を見てみましょう。

`Python` `club_data.py`
```python
_club_data = {
    'Kawasaki': { 'ranking': '1st', 'points': 92 },
    'Yokohawa': { 'ranking': '2nd', 'points': 79 },
}


def points(name):
    return _club_data[name]['points']


def ranking(name):
    return _club_data[name]['ranking']
```

`Python` `main.py`
```python
import club_data

if __name__ == "__main__":
    print(club_data.points('Kawasaki')) # 92
```

`club_data.py`ファイルがコンポーネントを公開する側で、`main.py`がそれを

利用する側です。読み込まれる側の`club_data.py`は、データと関数を定義しているだけで、公開のための処理を特に何もしていません。JavaScriptにあった`export`のような公開のための機能がないことがわかります。これは、基本的には`club_data.py`に定義されたコンポーネントのすべてが公開されるからです。

読み込む側の`main.py`では`import club_data`でコンポーネントを受け取っています。`club_data`というのは拡張子を除いたファイル名になります。Pythonでは基本的にはファイル単位でモジュールを管理します。このため、ファイル名と同名の変数で受け取ります。そして`club_data`オブジェクトから`club_data.py`に定義された関数を利用します。

ちなみに、`if __name__ == "__main__":`は、`python`コマンドでこのファイルが実行されたのかどうかの分岐になります。`python main.py`のように実行すると、`main.py`内での`__name__`が`"__main__"`になります。これを利用して、`python`コマンドでこのファイルが直接実行されたのか、あるいは`import`で読み込まれたのかを区別しています。

読み込むモジュールに別名を付けることもできます。`as`を利用します。

Python　main.py
```python
import club_data as club

if __name__ == "__main__":
    print(club.points('Kawasaki')) # 92
```

読み込むコンポーネントを指定することも可能です。

Python　main.py
```python
from club_data import points, ranking

if __name__ == "__main__":
    print(points('Kawasaki')) # 92
    print(ranking('Kawasaki')) # 1st
```

`*`を使って、公開されたコンポーネントをすべて取り込むこともできます。

```
Python  main.py
from club_data import *

if __name__ == "__main__":
    print(points('Kawasaki'))  # 92
    print(ranking('Kawasaki'))  # 1st
```

この*を使う書き方では、club_data.py内の変数_club_dataのような、_始まりのコンポーネントは読み込まれなくなります。

Pythonのパッケージ

Pythonには、モジュールをまとめて管理できるパッケージという機能があります。**複数のモジュールをディレクトリにまとめて（パッケージ）、それを1つのモジュールとして扱うことができるようになります。**パッケージのような機能はJavaScriptにはなく、Pythonの便利な機能になりますが、ちょっとややこしい機能でもあります。

まず、なぜパッケージが必要になるのかを具体例で考えてみましょう。先ほどまでの例では、club_dataというモジュールだけをimportしてきましたが、このモジュールが肥大化してきて複数のファイルに分割したくなったとします。club_dataモジュールにはpoints関数とranking関数があるので、これを2つのファイル（例えばpoints_fnc.pyとranking_fnc.py）に分割したくなったとします。

さて、このときにmain.pyにも当然変更が必要になります。先ほどまでモジュールは1つしかなかったのが、モジュールが2つになり、ファイル名も変更になったので、その修正が必要です。この程度の変更であれば大した問題ではありませんが、もし先ほどのclub_dataモジュールに依存するモジュールが多い場合はどうでしょうか？もしかしたら、それらすべてを修正できない場合があるかもしれません。

このような場合にパッケージ機能を使います。以下のように新しいディレクトリを作って、分割したファイルをそこに配置します。

252

```
club_data/
    ├── __init__.py
    ├── data.py
    ├── points_fnc.py
    └── ranking_fnc.py
main.py
```

club_dataディレクトリを作成し、その中にpoints_fnc.py、ranking_fnc.py、data.py、そして__init__.pyというファイルを配置しています。__init__.py以外のそれぞれの中身は以下のようになります。

```Python  data.py
ClubData = {
    'Kawasaki': { 'ranking': '1st', 'points': 92 },
    'Yokohawa': { 'ranking': '2nd', 'points': 79 },
}
```

```Python  points_fnc.py
from club_data import data

def points(name):
    return data.ClubData[name]['points']
```

```Python  ranking_fnc.py
from club_data import data

def ranking(name):
    return data.ClubData[name]['ranking']
```

これらのファイルは先ほどまでのclub_data.py内のコンポーネントを分割して作ったものです。変数_dataで定義されていたものをClubDataとして公開できるようにしています（_dataのままではprivateを示す変数名になります）。そして、points_fnc.pyとranking_fnc.pyでclub_data.pyを利用していますが、importの記述はちょっと注意が必要です。すべて同じclub_dataディレクトリ内にあるファイルにもかかわらず、from club_dataとしていて、まるで自分自身から取り込むかのような記述になっています。これはパッケージのディレクトリからの絶対インポートになります（**コラム「モジュール探索」を参照**）。

253

コラム　モジュール探索

　importには絶対インポートと相対インポートがあります。本文で書いているものは
すべて絶対インポートになります。

　絶対インポートの場合、例えば import club_data と書くと、sys.path のパスか
ら club_data モジュールが探索されます。

　sys.path は以下のように確認できます。

Python `check_sys_path.py`
```
import sys

print(sys.path) # パスのリスト
```

　このファイルを実行すると、パスのリストが表示されます。そして、その最初の要
素は check_sys_path.py があるディレクトリになり、他の要素は実行した python コ
マンドが読み込むパスになっていると思います。このパスの中から club_data モジュ
ールが探索されるわけです。先ほどまでの main.py と club_data モジュールは同一デ
ィレクトリにあったので、sys.path の最初のパスで club_data が見つかることにな
ります。

　絶対インポートの探索は、そのファイルがどこにいても sys.path から探索されま
す。このため、club_data ディレクトリ以下にあるファイルにもかかわらず from cl
ub_data import data と書くことになります。

　これに対して、相対インポートはそのファイルのあるディレクトリを基点に探索され
ます。例えば以下のように書きます。

Python `points_fnc.py`
```
from . import data
```

　. が相対インポートです。. は同一ディレクトリからの探索を意味します。

　あるいは、from .data import ClubData のように .data と書くと「同一ディレ
クトリの data モジュール」を意味します。

　多くの場合は、相対インポートよりも絶対インポートの方が見通しが良いので、な
るべく絶対インポートを使うことが推奨されています。

`__init__.py` には以下のように記述します。

`__init__.py`
```python
from club_data.points_fnc import points
from club_data.ranking_fnc import ranking
```

この`__init__.py`でも絶対インポートが行われています。このようにパッケージを作り、`__init.py__`に書くと、`main.py`の記述は先ほどと同じで動くようになります。

`main.py`
```python
from club_data import points, ranking

if __name__ == "__main__":
    print(points('Kawasaki')) # 92
    print(ranking('Kawasaki')) # 1st
```

実体はディレクトリ化したパッケージですが、まるで`club_data`というファイルがあるようなアクセスが可能になっています。

ちなみに、さらに深いディレクトリを読み込む場合は以下のように書きます。

```python
from club_data.sub_package.super_sub_package
```

`__init__.py`

Pythonは`__init__.py`ファイルがあるディレクトリをパッケージだと認識します。この`__init__.py`がパッケージの初期化処理や、どのモジュールやコンポーネントをどのように公開するのかを決定します。パッケージの調整役のようなファイルなのです。ですので、`__init__.py`の記述方法によってはインポート方法に制限がかかります。

`__init__.py`での明示的なインポート

先ほどの例では`__init__.py`で同一パッケージの関数を明示的にインポートしています。

```Python __init__.py
from club_data.points_fnc import points
from club_data.ranking_fnc import ranking
```

　こうすると、`main.py`では`club_data`パッケージが、まるで同一ディレクトリにある`club_data.py`ファイルのように扱えます[*1]。この形式が利用者側には最も柔軟な`import`方法を提供します。

空__init__.py

　`__init__.py`が空ファイルや、あるいは`pass`とだけ書かれたファイルを多く見かけるかもしれません。これは`__init__.py`で何も処理を行っていないということなのですが、このような記述の場合、`import club_data`というインポートではうまく動きません。また`from club_data import *`も動きません。

　この場合はパッケージ利用者側で明示的にどのモジュールを読み込むのかを指定する必要があります。

```Python
from club_data import points_fnc
```

あるいは、

```Python
import club_data.points_fnc
```

のようにモジュールを指定します。

__all__での指定

　変数`__all__`を利用して公開するモジュールを指定することができます。

[*1]　この例では、ユーザーからはclub_dataがパッケージなのか、モジュールなのかはパッと見て区別がつきません。そもそも、パッケージはモジュールの一種なのです。「モジュールはファイル、パッケージはディレクトリ」として両者をまったく別物であるかのように解説している文書をたまに見かけますが、それは少し不正確な解説であることに注意してください。

```Python __init__.py
__all__ = ['points_fnc', 'ranking_fnc']
```

というように書くと、`from club_data import *`で`points_fnc, ranking_fnc`を利用することができます。ただし、`import club_data`では動きません。明示的にどのモジュールを読み込むのかを指定する方法であれば、問題なく動きます。

名前空間パッケージ

実は、`__init__.py`を置かなくてもよい場合があります。そのようなパッケージを**名前空間パッケージ**と呼びます（逆に、`__init__.py`があるパッケージを**regular パッケージ**と呼びます）。

名前空間パッケージの挙動は空`__init__.py`と同様で、パッケージ利用者側で明示的にモジュールをインポートする必要があります。

名前空間パッケージが本当に必要な状況はそれほど多くはないでしょう。「`__init__.py`を作らなくていいんだから楽じゃないか」と思われるかもしれませんが、そもそも名前空間パッケージは、regularパッケージを楽にするために導入されたものではありません。

名前空間パッケージは複数箇所で同一のパッケージを定義するために導入された機能です。…と言っても、ちょっと何を言っているのかわからないですね。

先ほどのコラムで`sys.path`からモジュールを探索すると書きましたが、この`sys.path`には複数のパスが格納されています。ここでもしあなたが新しく定義しようとしている`suteki_package`がこのパスのどこかにすでに存在したらどうなるでしょうか？ Pythonは複数の同名regularパッケージがあった場合、両方を読み込まないようです。つまり、同名regularパッケージは定義できないのです。

このような状況で利用するのが名前空間パッケージです。名前空間パッケージであれば、`sys.path`上で複数の同名パッケージが出てきても問題なく読み込んでくれます。

ただ、本当にこのような状況がどれくらい発生するのかは不明です。本当に必要でない限りregularパッケージを使う方が安全でしょう。とはいえ、`__init__.py`を作り忘れて、うっかり名前空間パッケージになってしまうことが多いのですが…。

この章のまとめ

　モジュール管理は、簡単に言えば、別ファイルのコンポーネントを読み込むための機能で、少し開発規模が大きくなると必須になります。

　JavaScriptのモジュール機能は現状、歴史的経緯により2つの方式があります。基本的にはECMAScriptが決めるES modules方式がメインになっていくと思いますが、現在ではまだCommonJSが決めた方式も理解する必要があります。どちらの方式であっても外部に何を公開するのかをコントロールできます。Pythonのモジュール管理機能は何を公開するのかをあまりコントロールできません。基本的にはモジュールに定義された関数、クラスなどがすべて公開されます（Pythonにprivateメソッドがないのと似たような状況ですね）。

第**3**部

良いコードを
書くための技術編

第1章 | 責務の分離とSOLID原則

第1部と第2部でPythonとJavaScriptの機能について解説しました。第3部では、それらの機能を使いながら、**どうすればより良いコードが書けるのか**を解説したいと思います。

責務の分離とプログラミング言語の機能

良いコードがどういうものか、というのはとても難しい問題です。様々な良さの観点があり、絶対的に良いと言えるようなコードがあるわけではありません。

しかし、良いコードには少なくとも満たしている性質がいくつか知られています。その中の一つが、**責務が整理されていること**です。責務は、コード上における**役割**のようなものです。**関心事**と言われたりもします。

責務を考えるために、例えば、買い物での税込みの合計金額の算出方法を考えてみましょう。簡単にするために、食品は消費税が8%、それ以外は10%にします。また、小数点以下の計算は今回気にしないでいいことにしましょう。

ここで「100円のアンパンを2個、200円のペンを1本買ったら、税込みの合計はいくらか」という問題を考えてみます。これを安直に実装するとこうなります。

```Python
def total_price():
    _total_price = 100 * 2 * 1.08 # アンパン 2個
    _total_price += 200 * 1.1 # ペン
    return _total_price

pritn(total_price())
```

`total_price`関数を定義して、このコードで「100円のアンパンを2個、200円のペンを1本」を計算し、436円という値を算出しています。ですが、これは今回限りのコードになってしまっていますね。当然ですが、別の商品を買う度に to tal_price関数に修正が入ってしまいます。

　この実装は「税込み合計を計算する」と、「アンパン2個とペン1本の場合にその計算を行う」という2つの処理を、total_price関数に押し込めていると言えます。このため、商品が変われば、total_price関数に影響が出てしまいます。あるいは、total_price関数が具体値を知りすぎている、つまり抽象化が足りないとも言えます。

　ではtotal_price関数から、具体的な値を分離しましょう。ここで使えるのが引数ですね。具体的な値を知る代わりに、仮引数を使って計算を行うことができます。愚直に書くとこのような実装になるかと思います。

```Python
def total_price(prices, item_kinds):
    _total_price = 0
    for index, price in enumerate(prices):
        item_kind = item_kinds[index]
        if item_kind == "food":
            _total_price += price * 1.08
        else:
            _total_price += price * 1.1
    return _total_price


print(total_price([100, 100, 200], ["food", "food", "item"]))
# アンパン、アンパン、ペン
```

　total_price関数が随分と書き換わりました。仮引数としてpricesとitem_kindsを受け取っています。pricesが商品の価格のリストで、item_kindsが商品種別のリストです。これで新しい商品（例えば、カレーパン）が来たとしても、変化するのは引数の中身であって、関数を修正する必要がなくなりました。

　責務の観点で言うと、total_price関数が「税込み合計を計算する」という責務により集中できるようになったと言えます。

抽象データ型の導入

　この関数を詳しく見ると実は「税込み合計」を算出する以外の責務を持っていることがわかります。それが「priceとitem_kindの紐付け」です。コードとして

は`item_kind = item_kinds[index]`の部分ですが、これは`total_price`関数の責務である「税込み合計の計算」としては余分なものです。

　こういう**データを紐付ける責務は、具体的なデータを知っている側（つまり、この関数の利用者）が担当するべき**です。複数のデータを紐付ける、あるいは1つのデータにする方法は色々ありますが、今回は**抽象データ型**が利用できそうです。PythonやJavaScriptではクラスの機能になります。

`Python`

```python
class Item:
    def __init__(self, name, kind, price):
        self.name = name
        self.kind = kind
        self.price = price


def total_price(items):
    _total_price = 0
    for item in items:
        if item.kind == "food":
            _total_price += item.price * 1.08
        else:
            _total_price += item.price * 1.1
    return _total_price


items = [Item("アンパン", "food", 100), Item("アンパン", "food", 100), Item("ペン", "item", 200),]
print(total_price(items))
```

　抽象データ型として`Item`クラスを導入しました。`total_price`関数は、その`Item`クラスのインスタンスのリストを受け取るように修正しました。先ほどの`total_price`関数ではデータを紐付けるために変数`index`を利用していましたが、クラスを利用する版では`index`が消えています。その代わり、紐付けを`Item`クラスのインスタンス化時に行っています。これで`total_price`関数から「データを紐付ける機能」が消えて少しすっきりしたのと、値段と商品の対応がわかりやすくなり、先ほどのコードよりもぐっと読みやすくなっていると思います。責務の観点でも「`price`と`item_kind`の紐付け」の責務が消え、すっきりしています。

仲の良いデータをまとめる

　状況によってはこれで完成でもいいんですが、せっかくなのでもう少し責務を整理してみましょう。今の`total_price`関数で気になるのは、`kind`に`"food"`とそれ以外の種類があることを知っていることです。具体的には以下の3つが気になります。

　(1) `kind`が文字列であることを、`total_price`関数が知っている

　(2) `kind`ごとの税率を知っているのが、`total_price`関数である

　(3) `kind`の種類として食べ物とそれ以外の2種類しかないということを、`total_price`関数が知っている

　(1) に関してですが、`kind`が文字列であるかどうかは`Item`クラスの事情であって本質的にこの`total_price`関数が知るべきことではないはずです。この点に対応するだけならば、`Item`の`kind`に対して、Getterメソッドを定義して公開する情報（文字列かどうかも含めて）をコントロールすればいいでしょう（あるいは`is_food`メソッドのようなものを定義してもいいでしょう）。より重要なのは、(2) と (3) です。

　(2) のポイントは、`kind`ごとに税率が変わるということは、そもそも`kind`と税率が仲の良いデータであるということです。`kind`を管理するのは`Item`クラスで、税率を決めているのが`total_price`関数です。ということは、`Item`クラスと`total_price`関数がとても仲が良いということになります。

　これはあまり良くありません。**2つのコンポーネント（クラスや関数）の仲が良すぎる関係は、どちらかに変更が入ると、もう一方にも修正が必要になるかもしれないということ**です。これに対応するには、**仲の良いデータ同士を1つにまとめる**ことです。つまり、税率を`Item`クラス内に持たせるべきで、`Item`インスタンスが`kind`ごとに適切な税率を返してくれれば良さそうです。

　(3) も似たような問題です。`total_price`関数が`Item`クラスの`kind`のすべてを知っているのは、仲が良いということです。これも解消しなくてはいけません。そもそも、`total_price`関数が`kind`を管理しているのは税率のためでした。ということは、税率データを`Item`クラスに移せば、(3) も解消できそうです。

　いったん、ここまでをコードにしてみましょう。

```Python
class Item:
    def __init__(self, name, kind, price):
        self.name = name
        self.price = price
        self.kind = kind
        if kind == "food":
            self.tax_rate = 0.08
        else:
            self.tax_rate = 0.1


def total_price(items):
    _total_price = 0
    for item in items:
        _total_price += item.price * (1 + item.tax_rate)
    return _total_price


items = [Item("アンパン", "food", 100), Item("アンパン", "food",
100), Item("ペン", "item", 200),]
print(total_price(items))
```

　クラス定義が少し長くなりましたが、Itemクラス内でtax_rateを管理するようにしました。Itemクラスのコンストラクタ内で、kindに応じてtax_rateを決定するようにしましたが、これはItemクラスがkindの全種類を管理することになります。Itemクラスの責務としては自然ですね。というわけで、total_price関数はかなりすっきりしました。

関連した処理をクラス側で定義する

　もう少し突っ込んで考えてみると、税込みの計算item.price * (1 + item.tax_rate)は、純粋にItemクラスのデータしか利用していません。ということは、Itemクラスが担当しても良さそうですね。あるデータに関連した処理は、そのデータの近くに配置する方が管理しやすいでしょう。これを踏まえて、再度実装すると、こうなります。

```Python
class Item:
    def __init__(self, name, kind, price):
        self.name = name
        self.kind = kind
        self.price = price
        if kind == "food":
            self.tax_rate = 0.08
        else:
            self.tax_rate = 0.1

    def price_with_tax(self):
        return self.price * (1 + self.__tax_rate)


def total_price(items):
    return sum([item.price_with_tax() for item in items])


items = [Item("アンパン", "food", 100), Item("アンパン", "food",
100), Item("ペン", "item", 200),]
print(total_price(items))
```

Itemクラスに`price_with_tax`メソッドを定義し、`total_price`関数でそれを呼び出しています。こうすると`total_price`関数はすべての`item`に`price_with_tax`メソッドを呼び出して、合計するだけの関数になったので、内包表記を利用して書くようにしました（`_total_price`というローカル変数が消えたことが重要です）。

クラスを整理する

`total_price`関数としては、これで十分に責務が整理されていそうです。ただ、まだもう少し責務の分離を進めてみましょう。

責務的な観点でいうと、今度はItemクラスが少し気になります。というのも、kindによって`tax_rate`を決定していますが、kindの種類が増えれば、このコンストラクタを修正しなくてはいけません。Itemクラスを変更するということは、基本的にはItemクラスを利用するすべてのコードがその変更の影響を受けるということです。

例えば、kind に新しく book という種別ができたとして（税率は…、0.01 くらいにしましょうか。本は人類にとってとても重要な商品ですもんね）、Item クラスのコンストラクタに分岐を 1 つ加えるだけです。ですが、そのせいでバグを混入させてしまうかもしれません。book の種別が出てきていない既存コードに影響を与えてしまうかもしれません。

　このような仕様追加に対して、既存コードがなるべく影響を受けないようにするにはどうすればいいでしょうか？ そんなうまい方法があるでしょうか？

　実は、これは**継承を利用するとうまく扱うことができます**。つまり、kind ごとに Item クラスを継承した子クラスを定義していく方法です。これを実装するとこうなります。

```Python
class Item:
    def __init__(self, name, price):
        self.name = name
        self.price = price

    def tax_rate(self):
        return 0.1

    def price_with_tax(self):
        return self.price * (1 + self.tax_rate())


class Food(Item):
    def tax_rate(self):
        return 0.08


def total_price(items):
    return sum([item.price_with_tax() for item in items])


items = [Food("アンパン", 100), Food("アンパン", 100), Item("ペン"
, 200),]
print(total_price(items))
```

　Item クラスのコンストラクタから分岐が消えました。また、tax_rate フィールドをやめて、その代わり tax_rate メソッドを追加しています。

　ただし、税率はクラスで固定になっています。さらに、クラスそのものでkindを表現することにしたので、kindフィールドも削除しています。

　そして、Itemクラスを継承したFoodクラスを作成し、tax_rateメソッドをオーバーライド（再定義）しています。これで、新しい種別が来たとしても、新しい子クラスを定義するだけです。例えばbookに対しては、

```Python
class Book(Item):
    def tax_rate(self):
        return 0.01
```

というクラスを追加するだけでよく、既存のFoodクラスやItemクラスを変更していません。ですので、既存のコードに影響を与えることなく新しい仕様を追加することができています。

　ここまで、責務を分離させることを指針としてコードを変更してきました。一番最初のコードからすると随分と異なるコードになりましたね。

　整理すると、関数から**「ロジック」**と**「具体的な値でロジックに適用する」**という処理を分離するために、**引数を利用**しました。

　次に、**データをまとめるという責務を分離させるために、抽象データ型としてのクラスを導入**しました。

　そして、**そのデータのバリエーションに対応するために、クラスと仲の良いデータと処理をクラス内に閉じ込め、また、新しいバリエーションに対応するために継承という機能を利用**しました。

　このように、責務をうまく分離・整理するためにプログラミング言語の機能を使っていくことが重要です。

　ちなみに、責務がまったく分離されていない最初のコードも、今回限りの利用であれば、それで十分です。ですが、今後使う必要があるのであれば、何らかの責務の分離が必要になります。ただ、どこまで分離・整理するのが良いのかは状況次第ではあります。

　例えば、もう絶対に種別は増えないということがわかっていれば、継承を利用してFoodクラスやBookクラスを作ることは過剰です。実際には、現在の求められる要件や想定などから、その都度、どの程度まで責務の分離・整理が必要かを判

断していってください。

責務の分離はなぜ重要なのか

　サンプルコードを使いながら、責務の分離を進めていきましたが、そもそもなぜ責務の分離が重要なのでしょうか？ これは先ほどの責務の分離を行う際にも色々と触れているのですが、**変更を容易に行うために責務の分離が重要なのです**。

　まず、**責務が分離・整理されていないコードは変更が難しい**という問題があります。責務が整理されていないと、どこを変更すればよいのかを判断するのが難しくなります。

　例えば、先ほどの例のように、`total_price`関数が引数に対応していない場合、似たような関数を大量に書く必要があるかもしれません。すると、至る所に「税込みの合計」の責務を持つコードが散らばることになり、例えば税率に変更が入った場合など、どこを変更すれば正しく変更できたことになるのか、判断するのがとても難しくなります。

　このように、**責務が散らばっていないということは重要**で、そのために**クラスや関数などを利用して責務を整理する**必要性が生じます。

　さらに、`total_price`関数の例で言うと、最初、`total_price`関数自身が、商品の種別ごとに税率を管理し、税込み金額の合計を算出していました。その後、最終的には、`total_price`関数の責務は「税込み金額の合計を算出する」にまでまとめられました。つまり、途中の`total_price`関数には責務が複数あったというわけです。

　１つのコンポーネント（関数やクラスなど）に複数の責務があるのは基本的には好ましい状況ではありません。責務に変更が出てしまうと、それごとに修正する必要が出てきます。つまり、**責務が多ければ多いほど、そのコンポーネントは変更される可能性が高くなってしまいます**。

　変更というのは常に正しく実装できるものではありません。当然、バグが混入する危険があります。また、複数の責務が混在していると、無関係な責務のコードをうっかり変更してしまうかもしれません。少なくともそのような可能性は排除できません。

　これに対して、１つのコンポーネントに１つの責務しかないのであれば、関係の

ない責務によってコードを変更する必要はなくなり、変更による影響の範囲を限定できます。

　また、**責務が分離されているとテストがしやすいという点も重要**です。テストはコードが正しく動作することを保証する行為ですが、責務が分離されていないとテストが複雑になりやすいのです。テストを行うとしてもどの責務のテストを行っているのかがわかりにくくなりますし、無関係な責務のためにテストデータなどを準備することが必要になったりします。

　ですが、責務が分離され、その責務のロジックだけが抽出されていると、そのロジックだけを狙い撃ちにして確認することができます。

SOLID原則

　良い設計の指針として**SOLID原則**があります。これは5つの原則の頭文字を組み合わせたもので、基本的には**責務をどう分離・配置すれば良いのか、あるいは責務を分離する機能の設計指針を示す**ものです。以降で説明しましょう。

Single-responsibility principle（SOLIDのS）

　日本語では**単一責務の原則**とも呼ばれます。あるいは頭文字をとって、**SRP**と呼ぶこともあります。

　これは**コンポーネント（関数やクラス）が保持する責務は1つであるべきだ**という原則です。先ほども説明しましたが、責務が複数あるとそれだけ変更される可能性が高くなりますし、安全に変更できる可能性が低くなってしまうからです。

　ただ実際には、状況によって責務が複数混在していることを許容する場合もあります。複数混在している責務にほぼ変更が入らないことがわかっている（あるいは確信している）なら、問題にならないかもしれません。

Open-closed principle（SOLIDのO）

　日本語では**開放閉鎖の原則**と呼ばれます。あるいは頭文字をとって**OCP**と呼ぶこともあります。

　これは、**機能追加について開いていて、修正に閉じているべきだ**という原則です。と言っても、何のこっちゃという感じですが、つまりは、**機能追加するとき**

に、既存コードを修正しなくて良いように設計しようという原則です。

では、そんなことが可能なのでしょうか？ 実はすでにこの原則に従った例を示しています。継承を使って、商品種別を表現したコードがそれです。新たに`book`種別が出てきても、`Item`クラスを継承した`Book`クラスを定義するだけで機能拡張ができていました。このような拡張が可能なように設計しましょうというのが、この原則の言わんとするところです。

ただし、この原則には批判も出ています。というのも、完全にこの原則に従える拡張ばかりではなく、多くの場合、既存コードの修正というのは少なからず発生してしまうからです。また、やや過剰な原則だという批判もあります。

とはいえ、この原則の意図する「機能拡張時に既存コードを修正しない方が良い」というのは、基本的には一考に値する指摘だとは思います。

Liskov substitution principle（SOLIDのL）

日本語では**リスコフの置換原則**と呼ばれます。ちなみにリスコフというのは、米国のコンピュータ科学者の名前です。

これは継承に関する原則で、**親クラスのインスタンスが適用されるコードに対して、子クラスのインスタンスで置き換えても、問題なく動くべきだ**という原則です。もっと簡単に言うと、**親クラスの振る舞いを子クラスが勝手に壊してはいけない**という原則です。

具体例で考えましょう。例えば、あるネット販売のシステムを組んでいるとして、そのシステムにはお店のスタッフ（`Staff`クラス）と、お客さん（`Customer`クラス）という2種類の登場人物が現れます。

スタッフとお客さんはシステムにログインでき、商品を閲覧・購入できます。また、スタッフは商品を削除したりと、お客さんにはできないような行動ができます。

では、スタッフとお客さんに継承関係を付ける場合、どのようにすればいいでしょうか？

なんだか、スタッフの方が特別な存在なので、スタッフの方が親クラスでしょうか？

答えを言ってしまうと、お客さん（`Customer`クラス）が親クラスになります。この理由を与えるものがリスコフの置換原則になります。

まず、仕様としてお客さんができることは、スタッフもできます。ということは、お客さんインスタンスが現れるところを、スタッフインスタンスに変更しても問題なく動くはずです。例えば以下のようなコードです。

```JS
function purchaseOperation(customer, item) {
    customer.login();
    customer.buy(item);
    new ThankyouMail(item, customer).send();
}
```

　お客さんがログインして、商品を買った後にメールを送信するという関数になりますが、この引数customerがStaffクラスのインスタンスでも問題なく動くのであれば、スタッフ（Staffクラス）はお客さん（Customerクラス）を親として継承して良いでしょう。
　逆にスタッフしかできない処理、商品の削除処理を考えてみましょう。

```JS
function deleteItemOperation(item, staff) {
    staff.login();
    staff.delete(item);
}
```

　スタッフがログインして、商品を削除しています。ここでポイントになるのが、この変数staffにお客さん（Customerクラス）インスタンスを適用して良いかどうかです。当然、お客さんなので商品を削除できず、この関数の変数staffにお客さんインスタンスを適用できません。ということは仮にスタッフ（Staffクラス）が親クラスで、お客さん（Customerクラス）が子クラスとしてしまうと、リスコフの置換原則を満たさないことになり、そのような継承は良くないことがわかります。
　これは第2部第1章で説明したis-a関係の説明にもなります。親クラスができることは子クラスもできるべきだというのは、子クラスは親クラスの一種だと捉えることができます。今の例で言えば、スタッフはお客さんの一種（Staff is-a Customer）ならば、継承しても良いということになります（逆に「お客さんはスタッフの一種」とはならないので、スタッフを親クラスにすることは良くありません）。

Interface segregation principle（SOLIDのI）

　日本語では**インタフェース分離の原則**と呼ばれます。ここで言うインタフェースは画面とかそういうユーザーインタフェースのことではなく、コンポーネント（関数やクラス）の機能やその利用方法などを指します。API（Application Programming Interface）のI（インタフェース）と同じです。

　あるコンポーネントを利用するクライアントには、必要最低限のインタフェース（機能や使い方）を提供しようという原則で、余分なインタフェースがある場合は分離しましょうという考え方です。**クライアントは自分がやりたいことだけを知るべきで、余分な情報を知るべきではない**という原則とも言えます。当然余計なインタフェース、例えば余計な引数を要求されたり、余計な準備のためのコードを要求されたりするようなコードは良くありません。コードが複雑になるということもありますが、その余計なコードが変更になって、無関係なのに修正しなくてはいけないということが発生してしまうからです。

Dependency inversion principle（SOLIDのD）

　日本語では**依存性逆転の原則**と言います。逆転という言葉の意味はいったん置いておくとして、この原則の意味するところは、**具体的な実装やデータに依存するのではなく、なるべく抽象的なものに依存するようにしましょう**ということです。

　PythonやJavaScriptには「抽象的なもの」に該当するコンポーネントがないため、少しわかりにくいのですが、「変更が起きやすい具体的な情報に依存するのではなく、あまり変更が起きない安定したものに依存しよう」という意味です。…わかりにくいですね。

　依存という言葉ですが、あるコンポーネントを使うクライアントがいる場合、そのクライアントはそのコンポーネントに依存していると言います。あるいは、今までの説明の中では「クライアントがそのコンポーネントを知っている」とも表現しました。どちらも大体同じような意味です。

　この原則は、**具体的な値やコンポーネントを使うのをなるべく避けましょう**と言い直すこともできます。

　先ほどの最終的な`total_price`関数は、具体的に引数`items`について何を知っているのでしょうか？　この関数が知っているのは、`items`はリストであり、そ

の要素は`price_with_tax`メソッドを持っているということだけです。これ以外の情報（例えば`price`フィールドがあるとか）をこの`total_price`関数は知りません。

逆に言うと、`total_price`関数は、`price_with_tax`メソッドを持つ要素のリストであれば、何でも受け付けるということです。実際、`Item`クラスを継承した`Food`クラスのインスタンスが引数に来ても問題なく動きます。つまり、`total_price`関数は具体的な`Item`クラスに依存しているわけではなく、「`item`は`price_with_tax`メソッドを持つ」という情報だけに依存していると言えます。

一方、`total_price`関数の最初の方の実装では、`item`インスタンスの`price`、`kind`、`tax_rate`を使っていましたが、これは`Item`クラスの具体的な中身をよく知っていると言えます。このような依存を避けましょうという原則です。

なぜこの原則が重要なのかというと、**抽象的なものの方がより安定している、つまり変更されにくいから**です。税込み合計を計算するという処理に対して、「`item`は`price_with_tax`メソッドを持つ」という情報自体はかなり変更が起きにくいと思われます。商品の種別が増えようが、税率の計算が変わろうが、`total_price`関数にとっては関係ない変更になります。このため、具体的な値などに依存しない`total_price`関数はかなり安定したコンポーネントになっていると言えるのです。

このように、なるべく具体的なものに依存させずにコードを書きましょうというのが、依存性逆転の原則なのです。

ちなみに、「逆転」の意味ですが、これはPythonやJavaScriptだと少しわかりにくいので、Java風の疑似言語で説明します。

例えば、AクラスがBクラスに依存していた、つまりAクラスがBクラスを利用していたとします。この状態ではAクラスはBクラスという具体的なものに依存した状態になります（メソッドの引数の型がBになっているので、具体的なBに依存しています）。

Java風の疑似言語

```
class A {
    public void doSomething(B b) {
        b.foo();
    }
```

```
}

class B {
    public void foo() { ... }
}
```

この状態で依存関係を図にすると**図3-1-1**のようになります。Aクラスから Bク
ラスに伸びている矢印が依存性の矢印になります。

図3-1-1●AクラスはBクラスに依存している

しかし、Aクラスの実装を見ると、fooというメソッドを持つインスタンスなら
何でもいいはずです。それなのにBクラスに依存するのは過剰かもしれません。そ
こで**Javaのインタフェースという機能**を利用します。Javaのインタフェースは**ど
ういうメソッドを持つのかということだけを定義したコンポーネント**[1]で、これを
使うと以下のように書けます。

Java風の疑似言語
```
interface IFoo {
    public void foo();
}

class A {
    public void doSomething(IFoo iFoo) {
        iFoo.foo();
```

---

[1]　実際には、デフォルト実装などを持つこともできます。

```
    }
}

class B implements IFoo {
    public void foo() { ... }
}
```

IFooインタフェースを導入しました。この定義を見ると、fooメソッドがある
ということ以上の情報がないコンポーネントになっています（そこに実装はあり
ません[*2]）。そして、Bクラスはこのインタフェースをimplements（実装）して、
fooメソッドに具体的な実装を与えています。

そして、AクラスではBクラスへの依存ではなく、IFooインタフェースへの依
存に置き換わっています。つまり、具体的なクラスへの依存ではなく、抽象度の
高いインタフェースに依存するようになりました。

この状態を依存性の図で書くと図3-1-2になります。

図3-1-2●依存性の図

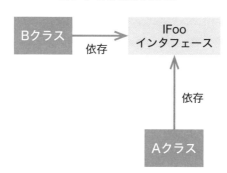

Aクラスは IFoo インタフェースに依存するようになり、Bクラスもこのインタフ
ェースに依存するようになりました。Bクラスに関しては、Aクラスに依存されて
いたのに、IFoo インタフェースに依存するようになりました。つまり、Bクラス
につながっていた依存性の矢印の方向が逆転したため、依存性の逆転と呼ぶようで
す。

[*2] Javaのインタフェースはデフォルト実装を与えることができますが、ここでは気にしないでく
ださい。

やりすぎないこと

SOLID原則の一つひとつは鋭い指摘を含みながらも、やりすぎると逆に余分な複雑性を持ち込んでしまう可能性があります。あくまでもこれらは原則や考え方の指針として捉え、現状のコードにとって良い責務の分離・配置を考えていきましょう。

この章のまとめ

プログラミングでは保守性が非常に重要視されます。一度書いて、一度実行して終わりであれば保守性を気にする必要はありません。しかし、多くの場面では、過去に書いたコードを忘れた頃に理解する必要が生じたり、同じコードに何度も変更が生じたりします。保守性を向上させる一つの鍵が責務の分離です。本章ではそのためのツールとしてクラスや継承の使い方を紹介しました。

また、責務を分離する機能の使い方や設計の指針としてSOLID原則を紹介しました。SOLID原則のいくつかには批判があったりしますが、依然としてその言わんとするところは重要な指摘を含んでいると思います。

Python、JavaScriptともに、多くの優れたライブラリがオープンソースソフトウエアとして公開されています。そのようなライブラリを導入して、自分のコードから責務を分離することも実際には重要です。

第2章 宣言的プログラミング

現代的なプログラミングでは**宣言的にコードを書くのが良い**とされています。宣言的というのは、意図を明確にしたコーディングスタイルで、対になる概念は**手続き的**です。

大雑把に言ってしまえば、ある処理を行いたいときに、**「どういう計算を行っていけば欲しい結果が手に入るのか」を書くのが手続き的で、「どういう結果が欲しいのか」を素直に書くのが宣言的**になります。

宣言的プログラミングを考えるために、「数値の配列に対して、偶数のみを2乗した値の合計を算出する（奇数は足さない）」という問題を考えてみます。

これを手続き的に計算すると、JavaScriptではこういう関数になります。

```
JS     手続き的な関数
function sumOfEvenSquare(array) {
    let sum = 0;
    for (const v of array) {
        if (v % 2 === 0) {
            sum += v * v;
        }
    }
    return sum;
}

sumOfEvenSquare([1, 2, 3, 4]); // 20
```

素直な実装ですので、さほど難しくはないですね。

では、これを宣言的なスタイルで書いてみるとこうなります。

```
JS     宣言的な関数
function sumOfEvenSquare(array) {
    return array.filter(v => v % 2 === 0).map(v => v * v).redu↴
ce((r, v) => r + v);
}
```

```
sumOfEvenSquare([1, 2, 3, 4]); // 20
```

　一気に行数が減っていますが、より重要なことは処理の方法がまったく異なるということです。引数の配列に対して、`filter`で偶数を抜き出した新しい配列を作り、その新しい配列に対して`map`を適用して、要素を2乗した配列を生成しています。そして、その配列に対して`reduce`メソッドを使って合計を計算しています。
　`filter`、`map`、`reduce`の処理に慣れていないと、とっつきにくい処理かもしれませんが（特に`reduce`メソッドはわかりにくいですよね）、一つひとつを見ると、やっていることは単純であることに気が付きます。より重要なのは、

```
JS
array
    .filter(v => v % 2 === 0) // 偶数のみを
    .map(v => v * v)          // 2乗して
    .reduce((r, v) => r + v); // 合計を算出する
```

という処理が、そのまま記述されている点です。関数の意図が明確です。
　対して、最初の実装（p.277の手続き的な関数）はどうでしょうか。コードを素直に読むとこのような表現になっています。

```
JS
let sum = 0; // sumを0で初期化して
// arrayに対してeach処理をする（要素はvに入る）
for (const v of array) {
    if (v % 2 === 0) { // 要素が偶数ならば
        sum += v * v; // sumに足し合わせていく
    }
}
return sum; // 最後までループが回れば、sumが合計になっているはず
```

　宣言的に書いたコードと比較すると、とても説明的なコードになっているのがわかると思います。これが宣言的なスタイルと手続き的なスタイルの違いです。
　もう一つ例を挙げてみましょう。あるネット販売のシステムで、購入時にユーザーに通知するメッセージを組み立てる処理を考えてみましょう。普通にメッセージを組み立てると、このような処理になると思います。

```
JS    手続き的な関数
function thankyouMessage(user, item) {
    let message = user.name;
    message += "様、";
    message += item.name;
    message += "(";
    message += item.price;
    message += "円)のお買い上げありがとうございます。";
    return message;
}
```

どのようなメッセージが表示されるのかパッとわかりますか？ まあ、あまり複雑な処理ではないので、おおよその想像は付くかとは思います。

同じ処理を宣言的なスタイルで書くとこうなります。

```
JS    宣言的な関数
function thankyouMessage(user, item) {
    return `${user.name}様、${item.name}(${item.price}円)のお買い▽
上げありがとうございます。`;
}
```

ここでは文字列展開を使って実装しています。

どちらの方がわかりやすいでしょうか？ 最初の実装は変数messageを更新しながら、どういう文字列が欲しいのかを組み立てていきました。まさに手続き的です。これに対して、宣言的なスタイルでは、「こういう文字列が欲しいです」ということを素直に実装しています。

宣言的に書く

宣言的であることのメリットは**可読性が高くなりやすい**ことです。では、どうすれば宣言的に書くことができるのでしょうか？

これは実は難しい問題で、宣言的というのはあくまでもコードのスタイルのことなので、何かの基準で「これは100%宣言的」「これは100%手続き的」とは言い切れないのです。

ただ、宣言的プログラミングに重要な概念があるので、それを説明しておきます。

参照透過性

　参照透過性は、**関数は引数だけで結果が決まる**ということや、**変数の値が変わらない**コードを指します。といっても、これだけでは全然ピンと来ないですよね…。

　まず、「関数は引数だけで結果が決まる」というのは、「当たり前じゃないか」と思うかもしれませんが、そうではない関数が存在します。例えば、引数にないグローバル変数を利用する関数は、「引数だけで結果が決まらない関数」になります。

　そして、そのグローバル変数が定数ではない（値が変わってしまう変数の）場合に、問題になります。値が変わるかもしれないグローバル変数の状態に暗黙的に依存するということは、その関数呼び出しの式だけを見ても、その関数の結果が何になるのかわからないということです。結局、どういう結果になるのかはグローバル変数の状態を確認しなくてはいけません。このような関数で宣言的にコードを書くのは難しいのです。宣言的プログラミングではコードによって意図を表現するわけですが、その関数呼び出しのコードを見ただけでは結果が不明だということになり、意図を表現することが難しくなるためです。

　これを解消する第一歩は、**依存関係を明示化**することです。つまり、**依存する情報すべてを引数化する**ということです。このようにすれば、少なくともその関数は、引数のみですべてを制御できるようになります。

　次に「変数の値が変わらない」を考えてみましょう。

　今、グローバル変数の状態に暗黙的に依存する関数があるなら、グローバル変数を引数にして明示するべきだと言いました。そうすると依存関係が明らかにはなります。しかし、結局はグローバル変数の状態に依存していることには変わりありません。グローバル変数がいつ、どのように変化するのかをしっかり理解しなくてはコードが書けないことに変わりないのです。

　考えてみると、これはグローバル変数にかかわらず、ローカル変数でも同様です。値が変わっていく変数に依存するということは、その変数の状態をいちいち確認しながらコードを書くことになります。これでは、やはり意図を表現するのが難しくなります。なぜなら、その関数の呼び出し部分の意図は、それまでの計算結果の状態に依存するため、結局それまでの計算を理解しないと意図を把握できないためです。手続き的なコードになりやすいのです。

　このため、変数の値を変えないということが重要視されます。

実際に、先ほどの2つの例「偶数のみを2乗した値の合計の算出」と「メッセージの組み立て」の処理では、最初の実装（p.277およびp.279の手続き的な関数）はどちらも変数の値を変えながら計算していました。sumOfEvenSquare関数では変数sumを、thankyouMessage関数では変数messageを更新しながら計算しています。messageがわかりやすいですが、この変数の状態を理解しないとthankyouMessage関数から最終的にどういう値を得られるのか理解できないですね。

　このように参照透過性というのは、変数への再代入などを禁止し、変数の値が変わらない、つまりは**変数を見ただけで結果がわかること**を要請します。これは関数呼び出しでも同様で、関数の依存をすべて引数で明示化しようとしますが、この引数も値が変わらないので、つまりは**関数呼び出し部分を見ただけで結果がわかること**を要請します。結局、参照透過性は入力値が決まれば、コード全体の式を見ただけで結果がわかるようにすることを要請しているのです。こうすると、コード全体のどの式を見ても、前後の状態を意識することなく結果を知ることができ、コード全体の可読性が上がる場合が多いだろう、さらには意図を表現したコードが書きやすくなることにつながるだろうと考えられているのです。

　でも、ちょっと待ってください。参照透過性を保持して、具体的には変数への再代入などを禁止してあらゆるコードが書けるのでしょうか？　実は基本的には**参照透過性を保持しながら、任意のコードが書けることがわかっています**。もちろんあらゆるコードで再代入を禁止して、それが簡潔なコードになるかどうかは別問題です。実際、再代入を許可した方がすっきりしたコードになることもあります。とはいえ、再代入を禁止する、状態に依存しないコードを書くという指摘は一考に値します。

　では、具体的にどうすればいいのでしょうか？　いくつか細かなTipsがありますが、ここで4つのTipsを紹介します。

Tips 1　再代入が欲しくなる処理を他の関数などに委譲

　1つ目は、再代入が欲しくなる処理を、他の関数やライブラリなどに委譲してしまうことです。例えば「偶数のみを2乗した値の合計の算出」では「合計」という計算を行うにはどうしても再代入操作が欲しくなります（再代入禁止にしても合計を計算することはできます。が、普通は再代入をしながら計算しますよね）。そこでp.277の宣言的な関数の例では、この合計の計算をreduceメソッドに委譲す

ることで、sumOfEvenSquare関数内から再代入処理を排除することができています。Pythonであればsum関数があるので、より明確に処理を委譲できます。

ちなみに、p.277の宣言的な関数では「偶数のみを2乗した値の合計の算出」をどのように考えたのかというと、

1. 「合計」処理での再代入を排除するためにreduce関数を使おう
2. reduceメソッドを使うために、「偶数のみを2乗した配列」が必要になる
3. 「2乗した」はmapメソッドでできそうだな
4. 「偶数のみ」という要素の選別はfilterメソッドでできそうだ

このように考えて、filter、map、reduceを使ったコードを組み立てたわけです。こういう考え方はもしかしたら最初は発想しにくいかもしれませんが、慣れてしまえば自然にこういう発想に行きつくようになります。

▍Tips 2　変数そのものを使わない

2つ目は、変数そのものを使わないということです。この発想で書いたのがp.279の宣言的な関数の方のthankyouMessage関数です。

手続き的な関数では、変数messageを利用していましたが、この変数なしに実装できないかと考え、そのために文字列の展開機能を利用したというわけです。これ以外でも、実は宣言的な関数の方のsumOfEvenSquare関数ではあえて変数の利用を避けています。sumOfEvenSquare関数ではfilter、mapを実行しながら配列を生成していますが、この生成された配列を変数に入れていません。例えば、同じことを以下のようにも書けます。

```JS
function sumOfEvenSquare(array) {
    let newArray = array.filter(v => v % 2 === 0);
    newArray = newArray.map(v => v * v);
    return newArray.reduce((r, v) => r + v);
}
```

ですが、このように変数化して再代入を行うと、やはり手続き的なコードに近くなっていきます。そこで、変数にせずに**メソッドチェーン**（メソッドの返り値に対

して直接メソッドを呼ぶ方法）で書いています。

Tips 3　更新されない変数・データを利用する

3つ目は、更新されない変数・データを利用するということです。変数を利用しても、その変数がそもそも再代入できないのであれば、安心して変数化しやすいですし、データも値が変わらないことが保証されていると安心できます。

このような機能をPythonとJavaScriptは提供しています。JavaScriptには再代入できない変数として`const`がありますし、変更できないデータ（イミュータブルなデータ）を生成する`Object.freeze`もあります。Pythonにはローカル変数に再代入を禁止する機能はありませんが、タプルや`@dataclass`デコレータを使ってイミュータブル（のよう）なデータを生成することができます。このようなデータを使うことで参照透過なコードが書きやすくなります。

Tips 4　新しくデータを生成し直す

4つ目は、どうしてもデータを変更する必要があるのなら、実際に変更するのではなく、新しくデータを生成し直そうという方法です。この方法はp.277の宣言的な関数の方の`sumOfEvenSquare`関数で使っています。偶数のみの配列の要素を2乗した配列を作っている部分です。

偶数のみの配列そのものを「更新」して2乗の配列に変えていくことも可能です。しかし、それでは参照透過にならないので、偶数のみの配列は変更せず、新しい配列を生成しています。

もちろん、これは一長一短です。可読性が良くなる可能性はありますが、一方でメモリーを余分に使ってしまう可能性があります。大きい配列に対してこのような処理を行うと、メモリーが足りなくなるかもしれません。

高階関数と宣言的プログラミング

`map`などの高階関数は、宣言的プログラミングを実現する上で、重要な道具になります。というのも、高階関数はやりたい処理だけを表現しやすいからです。

宣言的な関数の方の`sumOfEvenSquare`関数の「2乗する」処理を思い出してください。コードとしては`map(v => v * v)`と書いています。`map`メソッドを知っていれば、プログラマーが明示化しているのは`v => v * v`の2乗するという処理

だけです。まさにやりたいことだけをコードで表現しやすくなっているのです。

宣言的が絶対的に正しいというわけではない

Python と JavaScript は宣言的プログラミングを比較的行いやすい言語です。そのための機能が色々と提供されています。ぜひ言語の機能を使い倒して、意図が明確なコードを書いていただければと思います。

一方で、宣言的プログラミングよりも手続き的な処理で書いた方がすっきり書ける場合もあります。あるいは、宣言的プログラミングは、処理時間や消費するメモリー量に問題があったりもします。ですので、宣言的プログラミングが絶対的に正しいというわけではありません。状況に応じて宣言的に書いてもらえたらと思います。

この章のまとめ

宣言的プログラミングは今や重要なコーディングスタイルになってきています。宣言的プログラミングはコーディングに対するスタイルや姿勢なので、何かの基準でこれが宣言的であるとは言い切れません。なるべく欲しいデータを素直に表現するのが宣言的であると言えるでしょう。

ただし、宣言的プログラミングで書くことが常に良いわけではありません。手続き的にコードを書く方が良い場合もあります。宣言的プログラミングは多くの計算コストを消費する傾向にあるため、時として処理がとても遅くなることがあります。

宣言的プログラミングに関係する重要な概念として、参照透過があります。ある式をその計算結果に置き換えても同じ結果にならないといけないという性質です。言っていることはわかりにくいですが、要は関数呼び出しなら引数のみで関数の結果が決まるべきで、変数については再代入されない、ということを意味します。この性質を保持することで、コードの意図を明確にできるようになることがあります。

第3章 | コメントとドキュメント

コメント

　コメントとドキュメントは、コードの理解を助けるためにとても重要です。ですが、何でも書けばいいというものではありません。特に、**コメントは無駄に書きすぎてしまうことが問題になります**。例えば、以下のようなコメントは書かない方がいいでしょう。

```js
function addOne(x) {
    // 追加する値を変数にする
    cont additionalNumber = 1;
    // 引数が整数かどうかを判断する
    if (!Number.isInteger(x)) {
        // 引数が整数ではないので、例外を投げる
        throw new TypeError("引数が、整数ではありません");
    }

    // 追加した値を返す
    return x + additionalNumber;
}
```

　コメントをたくさん書いていますが、これはあまりにも良くないですね。コメントとコードが同じ行数あって、関数定義が肥大化していますし、コードもコメントによって流れが見えにくくなってしまっています。

　さらに、すべてのコメントがコードを日本語で言い換えたものでしかありません。一般的にこのようなコメントは価値が低いと言えます。コードを読めばわかることをわざわざコメントにする必要はありません。コードの意図はコードで表現するべきです。逆に「わざわざコメントを書くということは、きっと何か意味があるんだ」とも思ってしまうので、混乱する可能性すらあります。このようなコメント

は書かない方がよっぽどましです。

　また、大量のコメントがあるとその保守も問題になります。コードが変更されれば当然コメントも変更されるべきです。コメントとコードに乖離があると混乱の元になります。大量のコメントがあると、コメントの修正も大変になっていくので、やはりコメントは多ければいいというものではないのです。

　では、コメントには何を書くべきなのでしょうか？ 様々な観点がありますが、書くべき内容として例えば次の3点が挙げられます。

（1）コードの意図（理由）の説明
（2）「why not」の説明
（3）アノテーション付きコメント

　（1）と（2）は「コードの理解を助ける情報」です。（1）はコードが何を達成しようとしているのかを説明するコメントになります。

　繰り返しますがコードの意図はコードで表現するべきです。ですが、もちろん限界があります。例えば複雑なアルゴリズムを実装する場合などは、実装の方針をコメントとして書いてあげると、コードの理解の助けになります。

　ほかにも、コードを読んでも意図の把握に確信を持てない場合があります、そういう場合にも確信を与えるコメントは重要になります。

　そもそもコードはバグが入ってしまうため、コードを読む人はどうしても「これで正しいのかな」という気持ちを持ってしまいます。特に、妙にややこしい実装のときは、疑問を持ちそうなところにちゃんと答えてあげるコメントが有効になります。そういう場合は、コードの繰り返しのようなコメントでも意味があったりします。

　（2）はコードに書かれていないことを説明するコメントになります。例えば「普通は○○という方法を採用するけど、なぜ○○を採用しなかったのか（why not）」といったことをコメントとして書くなどです。

　（3）は、「コードを読む人に知っておいてほしい情報」で、将来への注意書きのようなコメントになります。例えば、

```
// TODO: 次期バージョンが出たらここは差し替える
```

とか、

のようなコメントになります。

TODOや**FIXME**がアノテーション（注釈）で、特に言語として何かの機能があるわけではありません。エディターや開発環境によっては、このアノテーション付きコメントを一覧で見せてくれたり、色付きで表示する機能があったりします。

このアノテーションには色々なものが知られていますが、よく使われるものを**表3-3-1**に示します[*1]。

表3-3-1●よく使われるアノテーション

アノテーション	内容
TODO	足りていない機能や後で追加すべき機能であることを示す
FIXME	要修正なコードであることを示す
OPTIMIZE	パフォーマンスに問題がある可能性を示す
HACK	疑わしい実装や、リファクタリングが必要になるコードであることを示す
REVIEW	意図通りに動いているかを確認するために、レビューが必要なコードであることを示す

ドキュメント

コメントは主に関数やメソッド内などに記述されるものですが、ドキュメントは**関数、メソッドあるいはクラスそのものを説明するための情報**になります。

また、コメントにはコードを読む際の助けとなる情報を書きますが、ドキュメントは少し違います。言ってしまえば、コードを読まなくても理解できるようにするための情報をドキュメントには書きます。

コメントやコードと同様に、ドキュメントも管理するべき資産なので、不要な情報や過剰な記述は避けるべきです。ドキュメントに書く主な情報は以下のようになります。

[*1] これらは、https://rubystyle.guide/#document-annotationsで紹介されているものです。

(1) これはどういうコンポーネントなのか

(2) このコンポーネントを利用する前提は何か

(3) このコンポーネントを利用した後の状態はどうなっているか

(4) どのような例外が発生するか

(5) システムの中でのこのコンポーネントの位置付け

(6) サンプルコード

　（1）は最も基本的な情報ですね。このコンポーネント（クラスやメソッド）が一体何なのかについての説明です。

　（2）はメソッドで言えば、引数やインスタンスの状態に対する説明です。例えば「引数 x は正の整数のみ」といったような情報です。

　（3）は実行後にどうなっているかの説明です。返り値として何が返ってくるのか、返り値以外に副作用があるのか（例えば、引数に破壊的操作を加える）などの情報です。

　（4）は、主に（2）の情報と関連しますが、どういう状況でどういう例外が起こるかの説明です。

　（1）から（4）までは、コンポーネントそのものを説明する情報でしたが、（5）はそのコンポーネントと他のコンポーネントとの関係を説明する情報になります。例えば、似たメソッドがあればそれとの違いや、逆の処理をやっているメソッドがあればそのメソッドの紹介（最大値を取得する max 関数のドキュメントに逆の最小値を取得する min 関数の紹介をするなど）、あるいは「○○という責務はこのメソッド（クラス）で一元的に担う」などのような情報です。

Pythonのドキュメント機能

　最近のプログラミング言語にはドキュメントから HTML などの文書を生成する機能があったりしますが、Python のそのような機能が**docstring**です。

　Java などの言語ではドキュメント、例えばメソッドへのドキュメントはコンポーネント（メソッドやクラスなど）の外に書きますが、docstring では**コンポーネントの中に書きます**。コンポーネントの先頭に **"""**で囲んだ文字列をドキュメント

として扱います。ちなみに、この文字列情報は__doc__という変数に格納されます。

docstringにはいくつかの書き方の流儀が存在しています。主に**reStructuredText**、**Google style**、**NumPy Style**があります。ここではGoogle styleを簡単に紹介しておきます[*2]。

例えば、Google styleで三角形の面積を計算する関数のドキュメントを書いてみるとこのような感じになります。

`Python`
```python
def area_of_triangle(base, height):
    """三角形の面積を計算します.

    Aargs:
        base (int): 底辺. 正の整数.
        height (int): 高さ. 正の整数.

    Raise:
        ValueError: どちらかの引数の値が0以下の場合に発生する.

    Returns:
        float: 三角形の面積.
    """
    if (not isinstance(base, int) or base <= 0) or (not isinst⤸
ance(height, int) or height <= 0):
        raise ValueError("base, heightは共に正の整数でなくてはいけま⤸
せん。")
    return base * height / 2


print(area_of_triangle.__doc__) # 上記のドキュメントが表示される
```

Google styleでは、最初の1行目に関数のタイトルや概要を書きます。もしさらに関数の説明を加えたい場合は、改行して空行を挟んでから記述します。そして、引数（Aargs）、例外（Raise）、返り値（Returns）を説明します。引数と返り値に関して、コード上に型アノテーションを書かない場合は、ドキュメントで型を明示化しておきます。

[*2] Google styleの詳細は、https://google.github.io/styleguide/pyguide.html#381-docstrings で解説されています。

モジュールのドキュメント

　モジュールに対してもドキュメントを用意します。ファイルの先頭（importなどの前）に定義します。内容としては以下のようなものです。

`Python`
```
"""モジュールの概要.

追加の説明.

    典型的な利用例:

    foo = Foo()
    foo.bar()
"""
```

関数・メソッドのドキュメント

　関数・メソッドのドキュメントは以下のような内容です。追加の説明、Args、Returns、Raisesはなければ（引数がないなど）省略します。
　先ほども書きましたが、コード上に型アノテーションがない場合、ドキュメントに明記します。

`Python`
```
"""関数・メソッドの概要.

追加の説明.

Args:
    引数の名前 (型): 引数の説明.

Returns:
    型: 戻り値の説明.

Raises:
    例外の名前: 例外の説明.
"""
```

クラスのドキュメント

クラスの説明は以下のような内容です。

```Python
"""クラスの概要.

追加の説明文.

Attributes:
    属性名（型）: 属性の説明.
"""
```

コラム | doctest

Pythonにはサンプルコードをチェックするための「doctest」という機能があります。以下のようにdocstring中にサンプルコードを書くと、そのコードが正しく動いているのかどうかをチェックしてくれる機能です（doctest以外のコメントは削除しています）。

```Python
def area_of_triangle(base, height):
    """
    >>> area_of_triangle(1, 2)
    1.0
    >>> area_of_triangle(1, 3)
    1.5
    """
    if base <= 0 or height <= 0:
        raise ValueError("base, heightは共に正の整数でなくては↵
いけません。")
    return base * height / 2


if __name__ == '__main__':
    import doctest
    doctest.testmod()
```

>>> の行がサンプルコードで、その下にサンプルコードを実行した際に出力されるべき値を記述しています。area_of_triangle(1, 2)を実行すると1.0になる、とい

うことが書かれています。そして、`doctest`を`import`して`doctest.testmod()`を
実行すると、doctestのチェックを行ってくれます（実行は普通にpythonコマンドで
このファイルを実行するだけです）。

　上記のサンプルコードは正しいので、これを実行しても何も出力されません。では、
ここであえて間違ってみましょう。

```Python
>>> area_of_triangle(1, 2)
10
```

というように間違った結果を書いて実行すると、

```Python
Failed example:
    area_of_triangle(1, 2)
Expected:
    10
Got:
    1.0
```

というエラー情報が出力されます。

　ちょっと面白い機能だなと思います。サンプルコードを書く場合には利用を検討し
てみてください。

JavaScriptのドキュメント機能

　JavaScriptでは、ドキュメントを生成する**JSDoc**というツールがよく使われま
す。JSDocは、JavaのJavadocと非常に似た書き方になります、

　Pythonのドキュメントと異なり、JSDocではドキュメントはコンポーネントの
外に定義します。

　三角形の面積を計算する関数のドキュメントを書いてみるとこのような感じにな
ります。

```JS
/**
 * 三角形の面積を計算します.
 *
 * @param {number} base - 底辺. 正の数.
 * @param {number} height - 高さ. 正の数.
 * @returns {number} 三角形の面積
 * @throws {TypeError} 引数が0以下の場合に発生する.
 */
function areaOfTriangle(base, height) {
    if (base <= 0 || height <= 0) {
        throw TypeError("base, heightは共に正の数でなくてはいけませ
ん。");
    }
    return base * height / 2;
}
```

　JSDocでは`/**`で始まり、`*/`で終わる部分をドキュメントとして扱います。ド
キュメントの最初にコンポーネントの概要を書き、その後に詳細な説明を記述しま
す。

　また、Pythonのdocstringでは、`Aargs:`というように記述を区分けしていまし
たが、JSDocでは`@augments`のような@記号が付いているタグを利用します。タ
グ一覧は以下のURLで確認できます。

```
https://jsdoc.app/index.html
```

　ここではよく利用されるものの一部を紹介しておきます。

@param

　引数の説明です。

```JS
@param {型} 仮引数名 - 説明
```

のフォーマットで記述します。`@arg`あるいは`@argument`と書いても同じ意味に
なります（同じような名前の`@arguments`と混同しないように注意してください。
`@arguments`は継承の説明に使用します）。

@returns

返り値の説明です。

```JS
@returns {型} 説明
```

のフォーマットで記述します。@return と書いても同じ意味になります。

@throws

例外が発生する場合の説明です。

```JS
@throws {例外クラス} 発生する状況の説明
```

のフォーマットで記述します。@exception と書いても同じ意味になります。

@type

変数やクラスの属性などの型を示すためのタグです。

```JS
@type {型}
```

のフォーマットで記述します。

@extends

クラスの継承を示すためのタグです。

```JS
@extends {親クラス名}
```

のフォーマットで記述します。@arguments と書いても同じ意味になります。

@example

簡単な例を載せるためのタグです。HTML出力した際にコードのハイライトが有効になります。

```
@example
areaOfTriangle(5, 1); // 2.5
areaOfTriangle(5, 10); // 25
```

のように複数行のコードをサンプルとして記述できます。ちなみに、`@example`から次のタグまでの全行がサンプルコードだと判定されます。

@deprecated

関数・メソッドなどが非推奨であることを示すためのタグです。

```
@deprecated 説明
```

のフォーマットで記述します。説明はなくても構いません。

@override

親クラスのメソッドをオーバーライドしていることを示すためのタグです。ちなみに、このタグを間違ってオーバーライドしていないメソッドに付けてもエラーにはならないので、注意してください。

この章のまとめ

　コメントは重要ですが、書きすぎると弊害が多いので利用には注意が必要です。極論すれば、コメントが1つもなく、コードのみでサクサク理解できるようなコードが理想です。しかし、常にそうも言っていられないので、コードで意図を表現しきれない部分のみをコメントで表現します。

　ドキュメントはコメントと違い、なるべく書くことが推奨されます。コメントはコードの実装を知りたい人や、あるいはそのコードを修正する人に向けた情報になりますが、ドキュメントはそのコンポーネントを使いたい人に向けた情報になるからです。ドキュメントはPythonならdocstringを使います。docstringは書いたドキュメントからHTMLを生成してくれます。JavaScriptならJSDocを使うことが多いです。ちなみにドキュメントを書くのに、これらのツールの仕様に絶対に従う必要はありません。ですが、これらのツールがドキュメントフォーマットの一種の標準化（何を書くべきかなど）を行ってくれているので、なるべく従う方がいいでしょう。

第4章 | 良い名前の付け方

変数や関数、クラスに名前を付ける作業は、想像よりも重要なタスクかもしれません。**名前一つでコードの読みやすさが大きく変わってしまいます。**

良い名前とは

良い名前というのは、**その対象をよく表しており、利用する際に何が起きて、何が起きないのかがすぐにわかる**ような名前です。とはいえ、そんな名前を付けるのは簡単なことではありません。実際の仕事の現場においても、良い名前を探すのにしばしば時間がかかったりします。

良い名前を付けるための確立された方法があるわけではありません。ここでは良い名前付けのためのポイントをいくつか紹介しておきます。

- 既存の概念・習慣になるべく従う
- 明確な名前・具体的な名前を利用する
- 対となる概念・言葉を正しく使う

1つずつ説明していきます。

既存の概念・習慣になるべく従う

プログラミング言語に限らず、情報技術の世界ではすでに様々な概念が発明されています。既存の概念で表現できる場合はなるべくその概念の名前を利用すべきです。例えば、「ログイン・サインイン処理」を特別な理由もなしにまったく新しい名前にすべきではありません。

意外に新人プログラマーの場合、既存の概念を知らずに新しい名前を発明してしまうことがたまにあります。情報技術の歴史はすでに長く、既存の概念をすべて把握するのは難しいですからね。周りに助言してくれそうな方がいればいいのです

が、そうでない場合は、名前を考えている対象と似たものをネット検索などしてなんとか既存の名前を探すということが重要になります。

　また、プログラミング言語の習慣に従うことも重要です。Pythonのメソッド定義では、第1引数を `self` という名前にしますが、文法的には任意の名前を付けても問題ありません。ですが、`self` 以外の名前を付けるのは混乱を招くだけです。

明確な名前・具体的な名前を利用する

　抽象的な単語は解釈が人によって幅が大きいので、なるべく解釈がぶれにくい単語を使うべきです。

　例えば、「健康診断」を表現する際に、`Checkup` という名前にすると、何を検査するのか意味が不明になってしまいます。`MedicalCheckup` のように意味をはっきりさせるべきです。

対となる概念・言葉を正しく使う

　概念には、対となるものがあります。高低、強弱、大小などです。あるいは、英単語でも対のものは多くあります。対となる言葉はちゃんとそのセットで利用することが望ましいと言えます[*1]。

　例えば「ログイン」の対になる言葉を「ログオフ」や「クローズ」にしてしまうと違和感を与えてしまいます。ちなみに、正しく対になるのは「ログアウト」です。

　プログラミング言語で利用される対の言葉には以下のようなものがあります。

```
get/set
push/pull(あるいは、push/pop)
first/last
head/tail(あるいは、head/body/tail)
begin/end
before/after
min/max
next/previous
```

[*1]　日常会話ではこの対がずれることは多いですね。例えば「ゴールへの確率が低いので、これを大きくしたい」というのは、ずれた表現です。言っていることはわかりますが、「低いので高くしたい」という方が妥当です。

```
old/new
in/out(例:login/logout)
on/off(例:logon/logoff)
opened/closed
up/down
visible/invisible
success/failure(あるいは、success/error)
source/target
locked/unlocked
deep/shallow
caller/callee
```

関数名・メソッド名を付けるときのTips

関数名・メソッド名を付けるときのちょっとしたTipsを紹介しておきます。

howではなくwhatの観点で命名する

関数やメソッドは処理の名前なので、どうしても動作を意識した名前を付けがちです。もちろん、それが絶対にダメというわけではありません。ただ、**その動作の結果、「取得できるもの自体」を関数名やメソッド名にすることを検討してみてください**。例えば、「引数の2乗を計算する」という関数であれば、`calc_square`とするよりも、`square`とするようなことです。

これは、宣言的プログラミングと同じ発想に立脚しています。というのも、関数名やメソッド名が動作を表すと、どうしても手続き的に感じやすくなってしまいます。そうではなく、なるべく**宣言的に「何が欲しいのか」を関数名やメソッド名にする方が良い**という考えです。

コラム　**名詞のメソッド名**

クラス名とメソッド名の命名テクニックで、「クラス名は名詞、メソッド名は動詞にするべきだ」という主張があります。クラスは抽象データ型から発展してきた経緯があるので、「データの名前」というわけで名詞が良く、メソッドは「そのデータに対する処理」なので動詞にするという主張です。これは、主にクラス設計の補助的なテクニックとして主張されていました。つまり、ユースケース記述などの中の名詞と動詞

に注目して、名詞をクラスに、その名詞に関連する動詞をメソッドに割り当てて、クラス設計していこうという考え方です。

　ただ、最近ではメソッド名にも名詞が使われることが多くなってきていると感じます。これは本文でも書いたように、宣言的プログラミングの文脈で、名詞のメソッド名の方が「何を得ているのか」が明らかになる場合があるからです。例えば`User`クラスの`get_name`というメソッド名ならば`name`というメソッド名でも、メソッド名から得られる情報量は同じです。それであれば`name`メソッドの方が素直でしょう。

　もちろん動詞のメソッド名も多く利用します。いずれにしろ何が得られるのかを素直に表現するメソッド名が重要です。

引数を含めて命名する

　関数名やメソッド名の場合、名前だけでなく引数も含めた全体で意味を伝えることもできます。専門用語では、この**関数名＋引数の全体をシグネチャと呼びます**。

　例えば、与えられた数値が素数かどうかの判定を行う関数で、確率的に決定するのかどうかを選択できるようにしたとします（大きな数に対しては素数であるかどうかを決定的に判定するのが難しいため、確率的に判定するアルゴリズムが開発されています）。

　この関数名で表現したいのは、

- **素数判定の関数であること**
- **アルゴリズムに選択肢があること**

だとします。この場合、

```JS
function isPrimeNumberByDeterministicOrProbabilistic(targetNumber, isDeterministic) {
    （略）
}

isPrimeNumberByDeterministicOrProbabilistic(1234, true); // false
```

というような関数名にするかもしれません[*2]。isPrimeNumberByDeterministi
cOrProbabilisticというのは長い名前ですが、表現していることは単純で「決
定的（Deterministic）か確率的（Probabilistic）かで素数を判定する（is
PrimeNumber）」ということです。

　確かに、この名前は先ほどの表現したいことを十分に表していますが、問題点も
あります。まず、**やや手続き的な名前であること**、そして**関数名が処理の詳細を
知りすぎていること**です。

　アルゴリズムの選択肢として「決定的か、確率的か」という2択であることを関
数名に入れていますが、これでは他の選択肢を増やそうと思ったときに（例えば、
より細かいアルゴリズムを指定できるようにするなど）、関数名を変更しなければ
なりません。

　また、このような選択肢がある場合、どちらか一方の選択肢がメインであるこ
とがほとんどです。例えば、通常は「決定的」アルゴリズムがメインで、時間が
かかりそうなときのみ「確率的」アルゴリズムを採用する、というようなことにな
るでしょう。なのに、関数名には2つの選択肢が同列に書かれていて、ちょっと違
和感があります。

　そこで、キーワード引数とデフォルト値を用いて、以下のような関数名に変更し
てみましょう。

```JS
function isPrimeNumber(targetNumber, { algorithm = "Determinis⤸
tic" }) {
    （略）
}

isPrimeNumber(1234); // false
isPrimeNumber(1234, { algorithm = "Probabilistic" }); // false
```

　このように書くと、シグネチャを見ればアルゴリズムに選択肢があることが伝わ
りますし、それによって関数名をすっきりできています。`algorithm`の引数とし

---

*2　ちなみに、このメソッド名は43文字もあってやや長いです。最近のIDE（統合開発環境）などで
は打ち間違い防止をサポートする機能などがあり、以前よりもメソッド名の長さは問題視されない
傾向にあります。メソッド名の長さを気にして変に情報を省略したり、無理な名前を付けるくらいな
ら、長いメソッド名の方が価値があるでしょう。もちろん、あまりに長い名前はやはりつらいものが
ありますが。

て今は文字列で受け取るようにしていますが、これを定数などを利用して、どのような値を指定できるかを明確にすることも可能です。

ローカル変数名を付けるときのTips

ローカル変数の名前を付けるためのいくつかのTipsを紹介します。ローカル変数の命名は、次の順番で検討していきます。

1. ローカル変数を消せないかを検討する
2. ローカル変数のスコープを小さくする
3. 最後に良い名前を考える

ローカル変数を消せないかを検討する

いきなり最初に変数を消すことを考えていますが、当然、ローカル変数がなければその命名について悩む必要はありません。そもそも、ローカル変数をわざわざ書くというのは、主に以下の3つの目的のためだと思います。

(1) 更新する値を保持するため
(2) 計算結果をキャッシュするため
(3) コードの意図をはっきりさせるため

このうちの (1) と (2) は、手続き的な発想に立っています。これらの意図でローカル変数を利用するならば、利用しない方がコードがすっきりするかもしれません。

(3) に関しては、ロジックが非常に複雑な場合、途中の計算結果に名前を与えることでコードの意図をはっきりさせることは確かに有効です。ですが、それでもいったん、「そもそもそんな変数も消せるようなすっきりした実装ができないか」と考えることは有益だと思われます。

では、どうやってローカル変数を消せるのかというと、以下のような方法があります。

(a) 便利なライブラリや言語の機能を活用する

(b) メソッドチェーン方式

(c) 再計算する

　(a) の「便利なライブラリや言語の機能を活用する」というのは、当たり前と言えば当たり前ですが、もともと提供されている機能は徹底的に使い倒すべきです。細かい処理をどんどん外部に任せることでローカル変数を消すことができます（例えばPythonの `sum` 関数を使えば、合計値を記録しておく変数が不要になるといった感じです）。特にPythonは便利な関数やライブラリがたくさん提供されているので、ぜひ使い倒してください。

　(b) の「メソッドチェーン方式」というのは、メソッドや関数の返り値を変数で受け取らずに、それに対してそのまま次のメソッドを呼び出すようなコードを指します。例えば、以下の例を見てください。

```JS
function sumOfEvenSquare(array) {
    const evenArray = array.filter(v => v % 2 === 0);
    const squaredArray = evenArray.map(v => v * v);
    const sum = squaredArray.reduce((r, v) => r + v);
    return sum;
}
```

　このように、メソッドの呼び出しごとに変数化していますが、これを一連のメソッドチェーンで表現すると以下のようになります。

```JS
function sumOfEvenSquare(array) {
    return array.filter(v => v % 2 === 0).map(v => v * v).redu⤸
ce((r, v) => r + v);
}
```

　すべてのローカル変数が消えました。

　1行で書くことに違和感があるならば、

```JS
function sumOfEvenSquare(array) {
    return array
        .filter(v => v % 2 === 0)
        .map(v => v * v)
        .reduce((r, v) => r + v);
}
```

と書いても構いません。

(c) の「再計算する」というのは、キャッシュ用に作られた変数を使わずに、再計算させる方法です。例えば以下のような関数があったとします。

```JS
function nameAndAgeOfFirstUser(users) {
    const firstUser = users[0];
    return [
        firstUser.name,
        firstUser.age,
    ];
}
```

この関数ではキャッシュの変数として`firstUser`を作成しています。この変数`firstUser`を消すために、以下のようにも書けます。

```JS
function nameAndAgeOfFirstUser(users) {
    return [
        users[0].name,
        users[0].age,
    ];
}
```

もちろんキャッシュを利用しない分、再計算のコストはかかるので、利用には注意が必要です。

ローカル変数のスコープを小さくする

次に、ローカル変数のスコープを小さくして、簡単な変数名にできないかを検討します。

ローカル変数のスコープはなるべく小さい方が良く、本当にスコープが小さい変

数の場合は、簡単な変数名で済ませます。例えば、

```JS
array.filter(v => v % 2 === 0);
```

のような、無名関数内の変数vがその例です。

　スコープが小さいものには、無名関数の引数やブロックスコープの変数があります。ブロックスコープの変数というのは、ifの内部でしか使わないとか、forのループ内でしか使わない、といったような変数です。

　ただし、Pythonには本当の意味でのブロックスコープがないので、if内部でのみ使う変数は外で使わないといった注意が必要です。一方、JavaScriptはブロックスコープがあるため、if内部でのみ有効な変数を作ることができます（詳しくは第1部第4章を参照してください）。

第3部 第4章

　ちなみに、JavaScriptのブロックスコープは特にif文などに限定されるものではなく{}だけで囲まれた部分にも適用されます。これを利用して、「関数を作るほどでもない、ちょっとした処理」をブロック内に閉じ込めることができます。

```JS
// 何らかの処理
{
    const u = users[0];
    console.log('name={u.name}, age={u.age}');
}
// 何らかの処理
```

　このように、変数uをブロック内で宣言していると、この変数はこのブロック内だけで有効になります。

コラム　名前の形式で型を表現する

　変数名の形式で型の情報を伝えることもできます。よく使われるのは、リストや配列であることを表現するために、

- 複数形で表現する
- 末尾にlistやarr、arrayといった単語を付ける

という方法です。

　同様に、辞書や連想配列であることを表現するために、

- 値byキーで表現する（例えば、keyがidで、値がuserなら、userById）
- 末尾にmapを付ける

のような方法があります。

この章のまとめ

　名前付けは重要ながら、良い名前の明確な判断基準や確立された命名方法があるわけではありません。この章では良い名前のためのいくつかの視点とTipsを紹介しましたが、これ以外にも様々な視点やTipsがあります。ぜひ、他の文献やあるいは優れたオープンソースソフトウエアのコードを参考に、良い名前付けについて研鑽してもらえたらと思います。

索 引　INDEX

筆者紹介

伊尾木 将之（いおき まさゆき）

大学院の修士課程までは、物理学専攻だったが、博士課程後期でプログラミング言語を研究（満期退学）。お仕事では、日本IBM を経て、現在はクックパッドに在籍。Webエンジニアの傍ら、近世から現代までの食文化の研究を行っている。長年、「日経ソフトウエア」誌でプログラミングに関する連載を執筆している。ちなみに本当の本業は川崎フロンターレのサポーター。

著書：

「実践 Ruby on Rails Web プログラミング入門」（共著。ソーテック社）
「クックパッドデータから読み解く食卓の科学」（共著。商業界）

主な論文：

伊尾木将之, 宇都宮由佳：「レシピ検索データから見える ハレからケへの移行期：正月からの反動を中心に」, 会誌食文化研究 (15), pp.1–14 (2019)
伊尾木将之, 宇都宮由佳：「レシピ検索データに現れる牛豚を使った新正月料理」, 会誌食文化研究 (12), pp.19–29 (2016)
伊尾木将之, 千葉滋：「2つのメソッド呼び出しに関わる最適化を可能にするアスペクト指向言語」, 情報処理学会論文誌プログラミング(PRO) 4(2), pp.67–76 (2011)

本書の活用にあたって

　本書で使用するサンプルプログラム（ソースコード）は、サポートサイトからダウンロードできます。下記のサイトURLにアクセスし、本書のサポートページにてファイルをダウンロードしてください。また、訂正・補足情報もサポートページにてお知らせします。

サポートサイト
https://nkbp.jp/nsoft_books

・本書に記載の内容は、2022年9月時点のものです。その後のソフトウエアのバージョンアップなどにより、想定した動作にならない可能性があります。また、すべてのパソコンでの動作を保証するものではありません。紹介したWebページやWebサイトは、将来的にはなくなる可能性があります。
・掲載コードの著作権は、著者が所有しています。著者および日経BPの承諾なしに、コードを配布あるいは販売することはできません。
・いかなる場合であっても、著者および日経BPのいずれも、本書の内容とプログラムに起因する損害に関して、一切の責任を負いません。ご了承ください。

まとめて学ぶ Python & JavaScript

2022年11月21日　第1版第1刷発行

著　　　者	伊尾木 将之	
発　行　者	中野 淳	
編　　　集	武部 健一	
発　　　行	株式会社日経BP	
発　　　売	株式会社日経BP マーケティング	
	〒105-8308　東京都港区虎ノ門4-3-12	
装丁・制作	JMCインターナショナル	
印刷・製本	図書印刷	

ISBN　978-4-296-20025-2
©Masayuki Ioki 2022 Printed in Japan

ディープラーニングAIは
どのように学習し、
推論しているのか

立山 秀利（著）　日経ソフトウエア（編）

A5判／292ページ　定価：2640円（10％税込）
ISBN：978-4-296-11037-7

ディープラーニングとはどんな仕組みなのか。なぜそんなに賢いのか。そうした初心者の疑問に、多数の図解で丁寧に解説。DX時代を働く社会人の「ディープラーニングの"はじめの一歩"」。

||||||||||||||||||||||||||||||||||||||||||||||||||||||||||||||||||||

好 評 既 刊

「強化学習」を学びたい人が
最初に読む本

伊藤 真（著）

A5判／408ページ　定価：3190円（10％税込）
ISBN：978-4-296-11036-0

ディープラーニングの発展で、近年注目を集める「強化学習」。
「試行錯誤する AI」とも言われるその仕組みを、実際に Python
を動かしながら体験。強化学習の理論と実装が基礎からわかる。